Jour

1887 - 1892

Jules Renard

Texte intégral

Illustration de couverture:
Photographie de Jules Renard

Chez Tite Fée édition :

- *Journal : 1887-1892* de Jules Renard
- *Journal : 1893-1898* de Jules Renard
- *Journal : 1899-1904* de Jules Renard
- *Journal : 1905-1910* de Jules Renard
- *L'Écornifleur* de Jules Renard
- *Histoires Naturelles* de Jules Renard
- *Poil de carotte* de Jules Renard

- *Manon Lescaut* de l'Abbé Prévost
- *Eugénie Grandet* d'Honoré de Balzac
- *Le colonel Chabert* d'Honoré de Balzac
- *Aux Abois* de Tristan Bernard
- *Lettres de mon moulin* d'Alphonse Daudet
- *le Petit Chose* d'Alphonse Daudet
-*Tartarin de Tarascon* d'Alphonse Daudet
- *Tartarin sur les Alpes* d'Alphonse Daudet
- *Port-Tarascon* d'Alphonse Daudet
- *L'Éducation sentimentale* de Gustave Flaubert
- *Mme Bovary* de Gustave Flaubert
- *Salammbô* de Gustave Flaubert
- *Un cœur simple* de Gustave Flaubert
- *Les Misérables Tome 1 : Fantine* de Victor Hugo
- *Les Misérables Tome 2 : Cosette* de Victor Hugo
- *Les Misérables Tome 3 : Marius* de Victor Hugo
- *Notre-Dame de Paris* de Victor Hugo
- *Le dernier jour d'un condamné* de Victor Hugo
- *Les Travailleurs de la mer* de Vicor Hugo
- *Les Caractères* de Jean de La Bruyère
- *La Princesse de Clèves* de Madame de La Fayette
- *Anie* d'Hector Malot
- *Baccara* d'Hector Malot
- *Cara* d'Hector Malot
- *Clotilde Martory* d'Hector Malot
- *Conscience* d'Hector Malot
- *En famille* d'Hector Malot
- *Sans famille* d'Hector Malot
- *Bel-Ami* de Guy de Maupassant

- *Le Horla* de Guy de Maupassant
- *Une vie* de Guy de Maupassant
- *Boule de Suif* de Guy de Maupassant
- *Contes de la bécasse* de Guy de Maupassant
- *Pierre et Jean* de Guy de Maupassant
- *Cyrano de Bergerac* d'Edmond Rostand
- *L'Aiglon* d'Edmond Rostand
- *Les Confessions 1 et 2* de Jean-Jacques Rousseau
- *Les Rêveries du promeneur solitaire* de Jean-Jacques Rousseau
- *Du Contrat Social* de Jean-Jacques Rousseau
- *La Petite Fadette* de George Sand
- *Nanon* de George Sand
- *Le Rouge et le Noir* de Stendhal
- *La Chartreuse de Parme* de Stendhal
- *Armance* de Stendhal
- *Candide ou l'optimisme* de Voltaire
- *Zadig ou la Destinée* de Voltaire
- *Traité sur la Tolérance* de Voltaire
- Cycles L*es Rougon-Macquart* d'Emile Zola :
  - *Volume 1 : La Fortune des Rougon*
  - *Volume 2 : La Curée*
  - *Volume 3 : Le Ventre de Paris*
  - *Volume 4 : La Conquête de Plassans*
  - *Volume 5 : La Faute de l'abbé Mouret*
  - *Volume 6 : Son Excellence Eugène Rougon*
  - *Volume 7 : L'Assommoir*
  - *Volume 8 : Une page d'amour*
  - *Volume 9 : Nana*
  - *Volume 10 : Pot-Bouille*
  - *Volume 11 : Au Bonheur des Dames*
  - *Volume 12 : La Joie de vivre*
  - *Volume 13 : Germinal*
  - *Volume 14 : L'Œuvre*
  - *Volume 15 : La Terre*
  - *Volume 16 : Le Rêve*
  - *Volume 17 : La Bête humaine*
  - *Volume 18 : L'Argent*
  - *Volume 19 : La Débâcle*
  - *Volume 20 : Le Docteur Pascal*

- *Les quatre filles du docteur march* de Louisa May Alcott
- *Emma* de Jane Austen
- *Orgueil et préjugés* de Jane Austen
- *Persuasion* de Jane Austen
- *Catherine Morland* de Jane Austen
- *Les Hauts de Hurle-vent* d'Emily Brontë
- *Jane Eyre* de Charlotte Brontë
- *Arènes sanglantes* de Vicente Blasco Ibáñez
- *L'Art de la guerre* de Sun Tzu
- *La machine à explorer le temps* de HG Wells
- *L'homme invisible* de H.G. Wells
- *La guerre des mondes* de H.G. Wells
- *L'île du docteur Moreau* de H,G, Wells
- *Le Portrait de Dorian Gray* d'Oscar Wilde
- *Le joueur d'échecs* de Stefan Zweig

Tite Fée édition
tite.fee.edition@gmail.com
Uzès, France
ISBN: 978-1722479770

1887

Sans date.

La phrase lourde, et comme chargée de fluides électriques de Baudelaire.

Un oiseau enveloppé de brumes, comme s'il rapportait des morceaux d'un nuage déchiré à coups de bec.

Vous avez vos nerfs, madame. Moi, je n'en ai qu'un, mais il est de bœuf.

Variété de femmes : il faut voir avec quelle mélancolie elle avale un pot de confitures.

J'ai en horreur les histoires qui se passent quelque part. C'est sans doute pour cette raison que j'aime beaucoup les livres de voyages, étant si peu « calé » en géographie que les lieux qu'on me décrit sont pour moi des pays vagues, des pays d'imagination et de rêve qui, pour ainsi dire, ne comptent pas.

La vertu des femmes, au contraire des lattes de boulanger, a d'autant moins de valeur qu'on y fait plus d'entailles.

L'effet le plus puissamment produit, Villiers de L'Isle-Adam le doit aux mots qui jurent avec les faits.

Les buissons semblaient saouls de soleil, s'agitaient d'un air indisposé et vomissaient de l'aubépine, écume blanche.

Aussi navrant que le « attendez que je mouille » d'une vierge.

Qui sait si chaque événement ne réalise pas un rêve qu'on a fait, qu'a fait un autre, dont on ne se souvient plus, ou qu'on n'a pas connu ?

Une femme a l'importance d'un nid entre deux branches.

En littérature, il avait assez de courage pour soutenir que le sonnet d'Arvers n'est pas un chef-d'œuvre.

Le talent est une question de quantité. Le talent, ce n'est pas d'écrire une page : c'est d'en écrire 300. Il n'est pas de roman qu'une intelligence ordinaire ne puisse concevoir, pas de phrase si belle qu'elle soit qu'un débutant ne puisse construire. Reste la plume à soulever, l'action de régler son papier, de patiemment l'emplir. Les forts n'hésitent pas. Ils s'attablent, ils sueront. Ils iront au bout. Ils épuiseront l'encre, ils useront le papier. Cela seul les différencie, les hommes de talent, des lâches qui ne commenceront jamais. En littérature, il n'y a que des bœufs. Les génies sont les plus gros, ceux qui peinent dix-huit heures par jour d'une manière infatigable. La gloire est un effort constant.

Meublée en arrière comme une jument de 1200 francs.

Comme avec des ciseaux, la femme, avec ses cuisses qui s'ouvrent, coupe les gerbes de nos désirs.

Nous sommes las d'avoir fauché tant de désirs dans le beau champ de notre amour.

Sur les moissons, le soleil flambait moins que nous.

Vois-tu, madame, il faut dormir. Nous sommes partis ce matin. Tu sommeillais un peu de reste et je te disais : Il en reste.

Gais comme un couple qui s'épouse.

Dans la poussière des moutons nous allions comme dans un nuage.

Je te contais sur tous les tons. Les meules nous semblaient en or, tout exprès pour notre sieste.

Mais ta bouche s'ouvrait encore, et je te disais : Il en reste.

Mes deux mains lasses, mes deux mains gourdes

Ont moissonné toute ta chair,

L'haleine mêlée à l'haleine.

Appelons la femme un bel animal sans fourrure dont la peau est très recherchée.

15 juin.

Chacun trouve son plaisir où il le prend.

20 juin.

La nostalgie que nous avons des pays que nous ne connaissons pas n'est peut-être que le souvenir de régions parcourues en des voyages antérieurs à cette vie.

1er juillet.

Aujourd'hui, déjeuner avec Henry Maret, du Radical. Sans doute, c'est un homme comme un autre, et, malgré cela, un petit tremblement vous secoue à l'approche de ces hommes qu'on cherche à s'imaginer comme les autres, pour se faire illusion.

Il fit cette réflexion profonde : qu'un homme auquel on paye à déjeuner est un homme à moitié dompté.

Vu aujourd'hui M. Henry Maret. Style Vallès. Un peu endormi. Tourne le cou avec une difficulté réelle pour regarder à droite et à gauche, se ressent d'avoir été de la grande école des fumeurs et des buveurs.

Prétend qu'il faut attendre une guerre entre la Russie et l'Allemagne pour prendre celle-ci en queue, et regarde comme une ruine pour la France toute guerre franco-allemande entreprise en d'autres conditions. Regrette comme tous les journalistes politiques, d'avoir écrit plus que Voltaire et de n'avoir pas fait une ligne pour la postérité. Parole simple, peu savante, parfois brutale. A un souverain mépris pour le reporter du journalisme.

Me prend pour un garçon riche et s'imagine qu'il a pour moi de trop petites besognes.

Sans date.

Nouvelle. Dans une maison borgne on entend : « Rends-moi mes deux sous ! »

Vous êtes comme quelqu'un qui demanderait du café bouillant et le laisserait refroidir.

6 juillet.

Comme résultat, j'ai aujourd'hui 100 francs par mois pour aller tous les deux jours au bureau demander quelque chose à faire, et il n'y a jamais rien à faire.

16 juillet.

J'ai passé cette nuit avec les grandes dames du XVIIIe siècle : la Du Barry, la Pompadour, la duchesse de Châteauroux, et il me venait à l'esprit d'offrir au dispensateur des sorts soixante ans de ma vie pour une journée de Louis XV. Se dire que tout cela est bien passé, c'est se donner l'éternel remords d'être venu trop tard.

17 juillet.

Il faut bien que je descende la crémaillère de mon esprit pour y suspendre votre pot-au-feu !

18 juillet.

Dites à une femme deux ou trois mots qu'elle ne comprenne pas, d'aspect profond. Ils la déroutent, l'inquiètent, la rendent anxieuse, la forcent à réfléchir et vous la ramènent consciente de son infériorité, sans défense. Car le reste est jeu d'enfant. Il n'est, bien entendu, pas nécessaire que vous les compreniez vous-même.

Pour peu que vous contestiez, l'homme perspicace s'arrête, lève sa canne en l'air et prend un air grave.

« Rappelez-vous bien », prononce-t-il, « ce que je vous dis aujourd'hui 18 juillet. »

Et il met ainsi des piquets dans votre mémoire et dans la sienne pour, un jour, s'y reconnaître commodément.

Et, toujours grandement décolletée, cette femme reste grave. Elle se tait, comme d'autres éclatent de rire, à gorge déployée.

20 juillet.

L'esprit est à peu près, à l'intelligence vraie, ce qu'est le vinaigre au vin solide et de bon cru : breuvage des cerveaux stériles et des estomacs maladifs.

Son cœur délaissé, abandonné, isolé, plus seul qu'un as de cœur au milieu d'une carte à jouer.

22 juillet.

Je ne me sens jamais assez mûr pour une œuvre forte. Apparemment, j'attends de tomber en ruine.

L'amour d'une vierge est aussi assommant qu'un appartement neuf. Il semble qu'on essuie les plâtres. Il est vrai qu'on n'a pas à redouter les germes maladifs, pestilentiels, d'un autre locataire.

La mer, en grande artiste, tue pour tuer, et rejette aux rochers ses débris, avec dédain.

25 juillet.

Que ne peut-elle, cette femme ardente, épouser un cheval !

4 août

Entre Ronsard et André Chénier (et encore, André Chénier !...) on cherche en vain un poëte. Je ne dis pas : un rimeur, un versificateur, un aligneur de mots, mais un poëte. Pas un ! Appelons poésie une création par l'image et le rêve.

9 août.

Au bord de la mer.

La mer monte, prend les rochers un à un, ensevelit celui-ci, lèche celui-là, écume sur cet autre et montre à travers son vert de bouteille, comme autant de monstres fantastiques pétrifiés, aux chevelures de varech.

Les crabes, galets marchant.

Sur le sable blanc surgit un phare comme un parfait au café sur une nappe.

Les rochers sont habités par les baigneuses qui trouvent le moyen de sortir, en costume de bain, de leur peignoir, sans que le curieux y voie goutte de chair.

Les trois-mâts : chênes mobiles, végétation de la mer.

Flocons d'écume. Il semble que le flot éclate comme un pétard sourd et lointain dont on ne verrait que la fumée.

L'odeur d'un coquillage putréfié suffit pour accuser toute la mer.

Des Chimères mordant leur queue en fleur de lys.

Beau vieillard, vert sans doute, mais de ce vert particulier que lui donne le commencement de sa décomposition lente.

13 septembre.

Le plus artiste ne sera pas de s'atteler à quelque gros œuvre, comme la fabrication d'un roman, par exemple où l'esprit tout entier devra se plier aux exigences d'un sujet absorbant qu'il s'est imposé ; mais le plus artiste sera d'écrire, par petits bonds, sur cent sujets qui surgiront à l'improviste, d'émietter pour ainsi dire sa pensée. De la sorte, rien n'est forcé. Tout a le charme du non voulu, du naturel. On ne provoque pas : on attend.

17 septembre

Une inexactitude scrupuleuse.

28 septembre.

« Ah ! » me dit le noble vieillard en sortant de la vespasienne. « L'homme est comme un temple. Quand la colonne est brisée, il tombe, et les femmes n'y portent plus leurs dévotions. »

1er octobre.

À voir un Chinois, on se demande ce que peut bien être le masque d'un Chinois.

4 octobre

J'ai fait des vers comme un héros fait des exploits. C'est à vous de les dire, non à moi.

Chaque matin, le vieux poëte s'adosse au vieux rocher de l'inspiration, grimace, rougit, se raidit, se rompt les reins, et rien ne bouge.

11 octobre.

Le comble du patriotisme : fuir un ciel bleu de Prusse.

13 octobre.

Ses dents claquaient, applaudissant au drame de son cerveau.

Homme de peu de lettres.

On ne voyait pas à quatre vagues devant soi.

15 octobre.

Il s'agirait d'être un homme qui pourrait se vanter de n'avoir jamais regardé le portail de Notre-Dame et de n'avoir jamais mis les pieds à l'Opéra.

16 octobre.

Elle vit avec 39 francs par mois et n'achète pas de livres dont le prix dépasse quatre sous.

Elle a, pour l'entretien de son poêle, toute une théorie, et ne consent à en rejeter la cendre que quand elle est blanche et fine comme de la poudre de riz. Comme dessert, des noix en toute saison, parce que les coquilles se brûlent. Elle a un monstre qui la dévore, une pieuvre qui la suce : l'omnibus. Qu'on en juge ! Quatre omnibus par semaine font 4 fr. 80 par mois, qu'il faut déduire d'une leçon de 40 francs. Avec cela, gaie, prenant la vie par les fleurs, le soleil, tout ce qui brille, tout ce qui chante, tout ce qui sent bon gratis, heureuse peut-être. L'hiver est sa terreur. Il augmente la dépense.

À ses murs pendent des chromos, mais qu'elle a su si bien choisir qu'elles sont réjouissantes pour la vue comme des peintures fraîches. L'objet d'art est une faïence peinte par elle, où s'enlacent des lisérés ténus, de pauvres lisérés.

Tellement sincère qu'elle ajoute à la vérité par mégarde, avec un dieu littéraire, Alphonse Karr, et un demi-satan, Zola, qu'elle repousse par propreté.

« J'admire son talent. Toutefois, dit-elle, ne lui en demandez pas plus long. »

Au théâtre, dans l'étouffement des loges, elle quitte son jupon de dessous.

En musique ni l'opéra, ni l'opérette : l'opéra-comique.

19 octobre.

Quelle chance contraire empêche certain monsieur de trouver dans les Roses le signe de merveilles à venir, et de m'envoyer une rente annuelle de 2 400 francs ?

21 octobre.

Ne pas se tromper aux figures hautaines et silencieuses : ce sont des timides.

Élever la boulangerie à la hauteur d'une institution nationale : pain gratuit et obligatoire.

23 octobre.

Chez moi, un besoin presque incessant de dire du mal des autres, et une grande indifférence à leur en faire.

24 octobre.

Si d'une discussion pouvait sortir la moindre vérité, on discuterait moins. Rien d'assommant comme de s'entendre : on n'a plus rien à se dire.

25 octobre.

Rachilde nous dit : « Au moins, moi, on peut me rendre cette justice : je ne déménage jamais. Après chaque saison de bains, on est sûr de me retrouver. » Son éditeur ne veut pas la lâcher. C'est ça qui est original.

27 octobre.

C'est un travail curieux que de démêler chez un jeune les influences des arrivés. Que de mal on se donne avant de prendre son originalité chez soi, tout simplement !

La mer semblable à un vaste champ remué par d'invisibles laboureurs.

Les petits flots vomissent leur bave blanche ainsi que des roquets, avec un jappement très doux.

Le vent couchait la pluie presque horizontalement, comme des épis de blé.

28 octobre.

Singulier monde, que celui du rêve ! Les pensées, les paroles intérieures, en dedans, se pressent, fourmillent. Tout ce petit monde se hâte de vivre avant le réveil, qui est sa fin, sa mort à lui.

Rien de banal comme un état normal.

29 octobre.

Des instants où l'on voudrait dire au soleil paresseux : « Il est l'heure. Lève-toi ! »

Elle m'a fait les honneurs de son corps.

30 octobre

Il y a des moments où l'on en veut à mort à toutes les jeunes filles qu'on rencontre, parce qu'elles ne vous jettent pas leur cœur et 20 000 livres de rentes.

31 octobre,

Il nous vient souvent l'envie de changer notre famille naturelle contre une famille littéraire de notre choix, afin de pouvoir dire à tel auteur d'une page touchante : « frère ».

Au réveil d'un doux rêve, on voudrait se rendormir pour le continuer ; mais vainement on s'efforce d'en ressaisir les vagues traces, comme les plis de la robe d'une femme aimée disparaissant derrière une portière qu'on ne pourrait soulever.

1er novembre.

Il arrivait, montait mes six étages, et tout de suite c'étaient d'interminables discussions politiques ; et, chose bizarre, dans le pauvre cabinet de travail aux murs couverts de petits riens, d'éventails, de typogravures Boussod, d'incroyables portraits, sous le reflet d'une ombrelle rouge, c'était lui, c'étaient ses soixante ans qui parlaient à mes vingt ans de société, de république, d'humanité, c'était le père qui cherchait à éclairer, avec toute là lumière qu'il croyait contenue dans ses grands mots, à réchauffer le fils, petit jeune homme déjà sceptique et embêté. Je l'ai vu quelquefois, dans des moments d'ennuis cruels, se révolter, agiter en l'air de petites idées subversives, mais cela passait vite, et il revenait aussitôt à ses bonnes convictions, bien saines, qu'il soutenait avec l'étrange ténacité des vieillards qui ne veulent plus rien apprendre.

Dans ses mauvais instants il se disait : « Notre rupture, c'est un dépêtrement. » Passionné funèbre. Les femmes qui connaissent tout l'amour, les femmes savantes ne s'y trompaient pas.

Elle venait derrière lui l'embrasser sur le front. Le cœur en feu, il se retournait et disait froidement : « Est-ce que cela vous plaît encore, à vous ? Si vous saviez combien ils me sont indifférents ! », s'efforçant à dessein d'être grossier.

Cette séparation a été longue, douloureuse, avec des rechutes, un mal calculé, une sorte de souffrance d'élection en laquelle lui surtout se complut.

Quand ils se quittèrent, le monde autour d'eux était plus triste que s'il eût été une création de leur esprit.

À toi, femme que j'ai tant fait souffrir, je dédie le meilleur de ma vie qui va se continuer et qui, quoique lamentable, aura peut-être encore quelques douceurs. Je t'en offre l'hommage très affectueux.

La peur de la vie. À la façon dont les plus petites choses m'impressionnent, je me demande quelles douleurs me réserve l'avenir.

Après s'être ingéniés à se mutuellement jouer de bons tours bien atroces, les amants se disaient chacun : « Comme il me fait souffrir ! »

Il voulait se fâcher et ne pouvait pas. Ses nerfs se détendaient malgré lui. Il se faisait l'effet de souffler, pour le gonfler, dans un ballon qui aurait eu un trou.

Puis il se jetait brusquement à ses pieds : c'est trop bête, à la fin, de ne pas l'embrasser quand elle est là, et que je n'ai qu'à me pencher, et que j'en meurs d'envie ! Et, avidement, goulûment, il faisait sonner sur ses yeux, son cou, sa peau fraîche, ses grains de beauté, ses lèvres ouvertes, des baisers pareils à de petites bulles d'air, sentant bien qu'il serait toujours le vaincu dans sa lutte avec cette chair, et que toutes ses résolutions antérieures tomberaient comme des bonshommes de neige trop ensoleillés.

2 novembre.

Projet de préface.

« Ma chère maîtresse, je te dédie ces vers, d'abord parce que tu ne les liras pas, et que, d'autre part, je suis bien tranquille, car, si tu les lis, tu n'y comprendras rien. Mais je te les offre parce qu'ils sont nés sur les galets de la Manche, dans des coins de paysage de Normandie, dans une nature tapageuse parmi les dessous de bois et les buissons. Nous y sommes-nous piqués, hein ! Effet bizarre : presque tous ont une allure triste. Très peu sont gais. En me les rappelant, je songe à un vol de corbeaux que j'ai vu, où se mêlaient, çà et là, quelques alouettes effarées, et qui s'élevait au-dessus d'un parterre enchanteur et très riant de pavots rouges, de marguerites neigeuses et de belles gueules-de-loup. C'est, vois-tu, une habitude des faiseurs de vers de n'être jamais où ils sont. Si tu venais m'embrasser pendant la lecture d'un sonnet de Baudelaire, je serais capable de ne pas m'interrompre, et, si l'on m'annonçait la mort de mon père entre deux strophes d'Hugo, je dirais : « Attendez. »

Je me rappelle aussi tes enthousiasmes. Tu as beau dire : tu admirais, mais tu ne comprenais pas. Pourtant, il était d'un grand charme pour moi, ce battement de mains tout de confiance, et rien n'est plus doux au cœur d'un homme que le ravissement de la femme qu'il aime, qui l'aime, et la mine attentive qu'elle prend à chacune de ses paroles, d'autant plus émue et intérieurement grisée qu'elle ne sait pas ce qu'il lui dit.

Ton adoré

P. S. Tu sais que je me marie. »

3 novembre.

Il y avait en lui des paresses séniles, du sang de vieillard, du sang d'un père qui l'avait eu trop tard.

Rester à l'affût de son esprit, la plume haute, prêt à piquer la moindre idée qui peut en sortir.

De voir les autres égoïstes, cela nous stupéfie, comme si nous seuls avions le droit de l'être et l'ardeur de vivre.

5 novembre.

Un air frais, transparent, où la lumière semble mouillée, lavée, trempée dans de l'eau très claire, et suspendue comme de fines gazes pour sécher, après une lessive de l'atmosphère

La femme se rattrape singulièrement, dans la littérature, de la situation, dit-elle, inférieure, qu'elle tient de la société

Les descriptions de femme ressemblent à des vitrines de bijoutier. On y voit des cheveux d'or, des yeux émeraude, des dents perles, des lèvres de corail. Qu'est-ce, si l'on va plus loin dans l'intimité ! En amour, on pisse de l'or.

7 novembre.

Une petite fille, avec de jolies chevilles ouvrières.

Une chute continue de gouttes d'eau fait, dans la vapeur des vitres, comme un petit sentier dans de la neige.

Une nature métallique, une végétation de tuyaux de poêle, des toits de zinc plus blancs que des lacs, des creux de cavernes qui sont des ouvertures de tabatières, une cité presque enfouie sous l'eau jusqu'à hauteur des cheminées de briques rouges, une noyade sous un soleil très pâle, couleur de brique lui aussi, tout un monde flottant, fantomatique, vu au travers des vitres vaporeuses par un temps de pluie.

8 novembre.

Ce qui caractérise au plus haut point le style des Goncourt, c'est le mépris hautain qu'ils ont pour l'harmonie, ce que Flaubert appelait les chutes de phrases. Elles sont encombrées, leurs phrases, de génitifs accouplés, de subjonctifs lourds, de tournures pâteuses qui ont l'air de sortir d'une bouche pleine de salive. Ils ont des mots qui sont comme des ronces, une syntaxe qui racle la gorge, qui font au haut du palais l'impression d'une chose qu'on ne peut pas se décider à vomir.

Henry Céard, l'auteur d'un livre fait tout exprès pour tenir la petite place que les Goncourt lui réservaient dans leur bibliothèque.

9 novembre.

L'art avant tout. Il restait un mois, deux mois, parmi ses livres, ne leur demandant que le temps du repos et des sommeils, puis tout à coup il tâtait sa bourse. Il fallait chercher un emploi, n'importe quoi, pour revivre. Une longue suite de jours dans un bureau quelconque avec des ronds-de-cuir, de race ceux-là, il collait des timbres, mettait des adresses, acceptait toute besogne, gagnait quelques sous, remerciait le patron et retournait à ses livres, jusqu'à nouvelle détresse.

11 novembre.

Le style vertical, diamanté, sans bavures.

14 novembre.

Parfois, tout, autour de moi, me semble si diffus, si tremblotant, si peu solide, que je m'imagine que ce monde-ci n'est que le mirage d'un monde à venir, sa projection. Il me semble que nous sommes encore loin de la forêt et que, bien que l'ombre des grands arbres déjà nous enveloppe, nous avons encore beaucoup de chemin à faire avant de marcher sous leur feuillage.

21 novembre.

La tapisserie sur fond noir avec le relief de roses rouges comme des œufs de Pâques, aux feuilles raides comme des coquilles.

Après un assaut d'escrime, remué par cet assaut comme par une mer, j'en garde le roulis et, le mouvement éteint, l'image du mouvement m'agite et se continue en moi.

Quand on n'a plus à compter sur rien, il faut compter sur tout.

24 novembre.

On me raconte que Montépin a devant lui, sur sa table, des petits bonshommes en bois qu'il enlève à mesure que son roman les tue.

Ça, un poëte ? Il serait refusé à un concours d'acrostiches !

25 novembre

C'est en pleine ville qu'on écrit les plus belles pages sur la campagne.

2 décembre.

Ses doigts noueux comme un cou de poulet.

4 décembre.

L'esprit n'accueille une idée qu'en lui donnant un corps ; de là les comparaisons.

5 décembre,

La causerie des fauteuils rangés, avant l'arrivée des visiteurs, un jour de réception.

6 décembre

Un aveugle, romancier, qui, aux descriptions visuelles substituerait des descriptions olfactives.

13 décembre.

S'évanouir, c'est se noyer à l'air libre. Se noyer, c'est s'évanouir dans l'eau.

15 décembre

Il avait plus de cheveux blancs que de cheveux.

27 décembre.

Le travail pense, la paresse songe.

Elle a une façon d'être bonne, très méchante.

Dans la bonté des choses le coquillage voisine avec le caillou.

1888

Février.

À quoi bon tant de science pour une cervelle de femme ! Que vous jetiez l'Océan ou un verre d'eau sur le trou d'une aiguille, il n'y passera toujours qu'une goutte d'eau.

Un mot si joli qu'on le voudrait avec des joues, pour l'embrasser.

Un temps de prosateur.

Trois ans. Qui peut dire toutes les fois que nous nous embrassâmes !

Il nous fallut, ainsi qu'un écheveau de laine,
Chacun prenant son cœur, sa chair et son haleine,
Démêler nos deux âmes.

Juin.

Le goût. Qu'on trouve chez un artiste les communes et grosses poteries à fleurs des paysans, on s'émerveille.

Oh ! ce Barfleur ! Y vivre et y mûrir !

12 août.

Au Grand Bois, après déjeuner. Assis sur un pin au-dessus d'un ruisseau qui court dans une écorce. Des bouteilles se rafraîchissent dans l'eau. Des brindilles s'y trempent, comme ayant soif. L'eau se précipite, blanche avec des flaques claires, glaciales, qui font presque mal à force de fraîcheur. Mon gros bébé se penche sur mon épaule pour voir ce que j'écris. Je l'embrasse, et c'est délicieux.

Rien d'assommant comme les portraits de Gautier. La figure est dépeinte trait pour trait, avec des détails, des minuties encombrantes.

Il n'en reste rien à l'esprit. C'est là une erreur du grand écrivain, où l'école moderne se garde de tomber. On dépeint par un mot précis qui fait image, mais on ne s'amuse plus à des revues au microscope.

Un matin, D... est venu me trouver et m'a dit : « Si tu veux, nous allons acheter deux tables en bois blanc, chacun une calotte de velours, et nous allons monter une Institution. »

Mettre de son côté toute la quantité possible de possible, et aller droit.

9 octobre.

Reçu de mon père une lettre attristante. Rien sur Crime de village, pas un mot. Encore une vanité qu'il faudra que je perde.

11 octobre.

Il fit un poème et le commença ainsi : « Muse, ne me dis rien ! Muse, tais-toi ! »

13 octobre.

L'éloquence. Saint André, mis en croix, prêche pendant deux jours à vingt mille personnes. Tous l'écoutent, captivés, mais pas un ne songe à le délivrer.

29 octobre.

Lu le premier volume des Entr'actes de Dumas fils. Rien à relire.

10 novembre.

Avec une femme, l'amitié ne peut être que le clair de lune de l'amour.

11 novembre.

La vie intellectuelle est à la réalité ce que la géométrie est à l'architecture. Il est d'une stupide folie (procès Chambige) de vouloir appliquer à sa vie sa méthode de penser, comme il serait antiscientifique de croire qu'il existe des lignes droites.

15 novembre.

Un ami ressemble à un habit. Il faut le quitter avant qu'il ne soit usé. Sans cela, c'est lui qui nous quitte.

Les mots sont la menue monnaie de la pensée. Il y a des bavards qui nous payent en pièces de dix sous. D'autres, au contraire, ne donnent que des louis d'or.

Une pensée écrite est morte. Elle vivait. Elle ne vit plus. Elle était fleur. L'écriture l'a rendue artificielle, c'est-à-dire immuable.

Parfois la conversation s'éteint comme une lampe. On remonte la mèche. Quelques idées jettent encore quelque éclat, mais il n'y a décidément plus d'huile. La parole meurt et la pensée s'endort.

23 novembre

Le poëte n'a pas qu'à rêver : il doit observer. J'ai la conviction que par là la poésie doit se renouveler. Elle demande une transformation analogue à celle qui s'est produite dans le roman. Qui croirait que la vieille mythologie nous opprime encore ! À quoi bon chanter que l'arbre est habité par le Faune ? Il est habité par lui-même. L'arbre vit : c'est cela qu'il faut croire. La plante a une âme. La feuille n'est pas ce qu'un vain peuple pense.

On parle souvent des feuilles mortes, mais on ne croit guère qu'elles meurent. À quoi bon créer la vie à côté de la vie ? Faunes, vous avez eu votre temps : c'est maintenant avec l'arbre que le poëte veut s'entretenir.

Pour faire certaines sottises, nous devons ressembler à un cocher qui a lâché les guides de ses chevaux et qui dort.

Tu ne seras rien. Tu as beau faire : tu ne seras rien. Tu comprends les plus grands poëtes, les plus profonds prosateurs, mais, bien qu'on prétende que, comprendre, c'est égaler, tu leur seras aussi peu comparable qu'un infime nain peut l'être à des géants.

Tu travailles tous les jours. Tu prends la vie au sérieux. Tu crois en ton art avec ferveur. Tu ne te sers de la femme qu'avec réserve. Mais tu ne seras rien.

Tu n'as pas le souci de l'argent, du pain à gagner. Te voilà libre, et le temps t'appartient. Tu n'as qu'à vouloir. Mais il te manque de pouvoir.

Tu ne seras rien. Pleure, emporte-toi, prends ta tête entre tes mains, espère, désespère, reprends ta tâche, roule ton rocher. Tu ne seras rien.

Ta tête est bizarre, taillée à grands coups de couteau comme celle des génies. Ton front s'illumine comme celui de Socrate. Par la phrénologie, tu rappelles Cromwell, Napoléon et tant d'autres, et pourtant tu ne seras rien. Pourquoi cette dépense des bonnes dispositions, de dons favorables, puisque tu dois ne rien être ?

Quel est l'astre, le monde, le sein de Dieu, la nouvelle vie où tu compteras parmi les êtres, où l'on t'enviera où les vivants te salueront très bas, où tu seras quelque chose ?

18 décembre.
Quand au sceptique « pourquoi ? » le « parce que » crédule a répondu, la discussion est close.

29 décembre.
Que de gens ont voulu se suicider, et se sont contentés de déchirer leur photographie !

1889

15 janvier.

Il a une chose qui m'a toujours stupéfié : c'est l'admiration universelle des lettrés d'élite pour Henri Heine. J'avoue que je ne comprends rien à cet Allemand qui a le grand tort d'avoir posé pour le Français. Son Intermezzo me paraît l'œuvre d'un débutant qui aurait voulu faire quelque chose de poétique.

16 janvier.

Qu'on songe à ce que peut être la vie d'un juge de paix parmi les paysans qui le tiraillent avec leur entêtement inlassable ! Dans la rue même on l'attrape. Mais il paraît que le moyen le plus sûr, pour lui, d'arriver à la vérité est encore de leur dire : « En levez-vous la main ? » Le paysan a peur. Il hésite, impressionné. Lui, si finaud, le voilà démonté. Il voudrait bien mentir, mais autrement. Un Christ en croix a plus de puissance sur lui que tous les raisonnements.

Rentré chez lui, le paysan n'a guère plus de mouvement que l'aï et le tardigrade. Il aime les ténèbres, non seulement par économie, mais encore par goût. Ses yeux brûlés de soleil se reposent. Dans un cercle d'ombre le poêle donne son ronflement par sa petite porte ouverte comme une bouche rouge.

17 janvier.

La palpitation de l'eau sous la glace.

Autour du grand feu, au-dessus duquel bout la soupe aux choux, de grands pots sont rangés, des pots au ventre arrondi où se font les fromages durs, une spécialité du Nivernais. Ils sont recouverts avec des tuiles Montchanin hexagones, ornées d'un losange en relief. Les chenets en fer, énormes, sont dépareillés. Deux chats dorment au pied de l'un d'eux, avec un petit chien aux yeux vairons.

Il faut que le paysan soit deux fois sûr d'une vérité pour parier pour elle.

La mère a senti les premières douleurs. On n'appelle jamais le médecin. On a rarement recours à la sage-femme. Le plus souvent, une bonne femme préside à l'accouchement. Elle connaît des herbes et sait bander un ventre. Pendant qu'elle opère, d'autres regardent. C'est un motif de réunion. Pour ne pas effaroucher la malade, elles ont quitté leurs sabots en entrant. Cela se passe bien. La mère ne fait guère plus de manières qu'une vache.

On a vu des bébés avec trois bonnets sur la tête.

Il ne faut pas acheter le berceau avant : d'abord, ça porte malheur. Et puis, le malheur arrivant, qu'est-ce qu'on en ferait ? Le vannier ne vend que la couchette. Les pieds reviennent au menuisier. Il les livre en bois blanc, bien équarris, et conseille de mettre au-dessous une lame de cuir qui étouffe le bruit. On peint l'osier de la corbeille pour éviter les punaises. Le choix de la couleur amène une discussion. On se décide pour un rouge « œuf de Pâques », qu'on obtient facilement avec des oignons.

L'enfant au monde, on l'emmaillote tout entier, sans laisser les bras libres.

On ne voit que sa tête violette et soufflée.

Sa grand-mère tricote près du poêle, en chaussons : les sabots sont toujours loin des chaussons. Elle a les jambes croisées et, au pied qui se balance, est attachée, partant du berceau qui oscille, une ficelle composée d'un morceau de vraie ficelle, d'une bordure de robe, d'une ganse de couleur passée.

Le savant généralise, l'artiste individualise.

Mettre en tête du livre : Je n'ai pas vu des types, mais des individus.

Joindre à ce livre une série sur les animaux : le cochon, sa mort, etc.

18 janvier.

Le merle, ce corbeau minuscule.

Âme, c'est bien là le mot qui a fait dire le plus de bêtises. Quand on pense qu'au XVIIe siècle des gens sensés, de par Descartes, refusaient une âme aux animaux ! Outre l'ineptie qu'il y avait à refuser à d'autres êtres une chose dont l'homme n'a pas la moindre idée, il eût autant valu prétendre que le rossignol, par exemple, n'a pas de voix, mais, dans le bec, un petit sifflet fort bien fait, acheté par lui à Pan ou à quelque autre Satyre, bibelotier de la forêt.

23 janvier.

Toute une catégorie de sentiments est surannée.

Les hommes de la nature, comme on les appelle, ne parlent guère de la nature.

24 janvier.

Dans l'ancien style on éprouvait parfois le besoin de traduire quelques mots français en latin. L'imprimerie les rendait en lettres italiques. De nos jours, nous nous demandons pourquoi. C'était, en effet, une pauvre manière de prouver son érudition. Les mots latins n'ajoutaient rien aux mots français. Ce n'était qu'une simple redondance parfaitement vaine. C'est ainsi qu'on lit dans le Génie du Christianisme : « On ne revient point impie des royaumes de la solitude, Regna solitudinis. » Pourquoi « Regna solitudinis » ?

25 janvier.

On reproche aux décadents leur obscurité. C'est une mauvaise critique. Qu'y a-t-il à comprendre dans un vers ? Absolument rien. Des vers ne sont pas une version latine. J'aime beaucoup Lamartine, mais la musique de son vers me suffit. On ne gagne pas beaucoup à regarder sous les mots. On y trouverait vraiment peu de chose. Mais c'est trop exiger que de vouloir qu'une musique ait un sens, beaucoup de sens. Lamartine et les décadents se rencontrent sur ce point. Ils ne considèrent que la forme. Les décadents y mettent un peu plus de façons, voilà tout.

Il devrait être interdit, sous peine d'amende et même de prison, à tout écrivain moderne, d'emprunter une comparaison à la mythologie, de parler de harpe, de lyre, de muse, de cygnes. Passe encore pour les cigognes.

Chênedollé, voilà un joli nom. C'est peut-être pour le mériter que le pauvre poëte a voulu faire des vers.

« Depuis trente ans, dit Chênedollé, je m'occupe de l'étude de la nature. Je l'observe sans cesse, je m'étudie sans cesse à la prendre sur le fait. » Cela dit, il parle du « joyeux babil des moissonneurs », du « métayer robuste ». Il appelle une fourche « un rustique trident » un chariot, un char, « le char des moissons ». Il est bien de cette école de Rivarol qui prétendait que « la poésie doit toujours peindre et ne jamais nommer ».

30 janvier.
L'idéal du calme est dans un chat assis.

2 février.

C'est à croire que les yeux des nouveau-nés, ces yeux qui ne voient pas et où l'on voit à peine, ces yeux sans blanc, profonds et vagues, sont faits avec un peu de l'abîme dont ils sortent.

À noter en ce moment-là le rôle niais, inutile, superflu, le rôle troisième zone du mari, qui reste les bras ballants, la figure embarrassée, devant l'utilité de sa femme et son peu d'importance à lui.

8 février.

Pierre ne fait guère que téter et dormir. On sent que ses yeux vont être bientôt capables de perception. Ses mains ratissent le vide dans une éducation constante du tact.

20 février.

Lu, de Michelet, la Mer.

Michelet est le type du grand bavard. Il extrait d'une petite idée une grande page. Blanc bonnet ne lui suffit pas : il lui faut bonnet blanc. En général, il lui faut des faits pour le soutenir. Toute l'histoire de France n'est pas de trop, mais la mer n'est pas assez, parce qu'elle n'a pas d'histoire. On commence par admirer ces écrivains, genre magnifique, qui tiennent des poules pondeuses. Bientôt, on a assez de leurs œufs.

26 février.

Un aulne se penche dans l'attitude d'un tireur de bateau.

— Madame, dit une dame mûre à une jeune dame pour a rassurer, quand j'accouche, c'est comme si je faisais un gros caca.

27 février.

Un homme simple, un homme ayant le courage d'avoir une signature lisible.

12 mars.

Paroles de belle-mère.

— Oui, maman

— D'abord, je ne suis pas votre mère, et je n'ai pas besoin de vos compliments.

Tantôt elle oubliait de mettre son couvert, tantôt elle lui donnait une fourchette sale, ou bien, encore, en essuyant la table, elle laissait à dessein des miettes devant sa bru. Au besoin, elle y amassait en tas celles des autres. Toutes les petites vexations lui étaient bonnes.

On entendait :

« Depuis que cette étrangère est ici, rien ne marche. » Et cette étrangère était la femme de son fils. L'affection du beau-père pour sa bru attisait encore la rage de la belle-mère. En passant près d'elle, elle se rétrécissait, collant ses bras à son corps, s'écrasait au mur comme par crainte de se salir. Elle poussait de grands soupirs, déclarant que le malheur ne tue pas, car, sans cela, elle serait morte. Elle allait jusqu'à cracher par dégoût.

Parfois elle s'en prenait au ménage tout entier. « Parlez-moi d'Albert et d'Amélie. Voilà des êtres heureux et qui s'entendent. Ce n'est pas comme d'autres qui en ont l'air seulement. »

Elle arrêtait une brave femme dans le corridor, sur la porte de sa bru, et lui délayait ses chagrins. « Qu'est-ce que vous voulez ? Ils sont jeunes », disait celle-ci tout en se régalant de ces racontars. « Ah ! Ils ne le seront pas toujours ! disait la belle-mère. Ça se passe. Moi aussi, j'ai bien embrassé le mien, mais c'est fini. Marchez ! La mort nous prend tous. Je les attends dans dix ans, et même moins. »

Il ne faut pas oublier les retours. Soyons justes. Elle en avait, et de bien attendrissants.

— Ma belle, ma vieille, je suis à votre disposition. J'ai beau dire : je vous aime autant que ma fille. Donnez donc, que je vous remplisse votre cuvette. Laissez-moi donc les gros ouvrages. Vous avez les mains bien trop blanches.

Soudain, sa figure devenait mauvaise :

— Est-ce que je ne suis pas bonne à tout faire ?

Et elle séparait, dans sa chambre les photographies de ses enfants de celle de sa bru, la laissait isolée, abandonnée, bien vexée sans aucun doute.

19 mars.

Lire deux pages de l'Intelligence de Taine et aller chercher des pissenlits, voilà un rêve, et c'est ma vie pour le moment. J'assiste encore au coucher des grives, au croule des bécasses, à l'endormement du bois. J'en deviens bête. Heureusement, deux pages de Taine me décrassent, et me voilà en pleine fantaisie, au-dessus du monde, acharné à l'étude de mon moi, de sa décomposition, de notre néant.

27 mars.

Des yeux à peindre, mais par un peintre en bâtiment. Un peintre ordinaire n'y arriverait pas.

29 mars.

La plus sotte exagération est celle des larmes. Elle agace comme un robinet qui ne ferme pas.

31 mars.

Je connais un grand garçon qui a vingt-quatre ans qui dirige trois fermes, qui mène durement ses hommes et n'aime que ses bestiaux, qui fait saillir à chaque instant un bœuf ou un étalon, qui aide à pleins bras, manches retroussées, les vaches à faire leurs veaux, qui renfonce les matrices de ses brebis quand elles tombent, qui connaît à fond toutes les choses malpropres de son métier, et qui a dit à ma femme, d'un air timide et embarrassé :

« N'allez pas dire à ma mère que je lis la Terre ! »

4 avril.

Les Sœurs Vatard, de Huysmans, c'est du Zola en zinc, du naturalisme en toc.

6 avril.

Huysmans, toujours inquiet des dents de ses personnages.

Tout ce que j'ai lu, tout ce que j'ai pensé, tous mes paradoxes forcés, ma haine du convenu, mon mépris du banal, ne m'empêchent pas de m'attendrir au premier jour de printemps, de chercher des violettes au pied des haies parmi les étrons et les papiers pourris, de jouer aux « chiques » avec les gamins, de regarder des lézards, des papillons à robe jaune, de rapporter une petite fleur bleue à ma femme. Éternel antagonisme. Effort continu pour sortir de la stupidité, et inévitable rechute. Heureusement !

8 avril.

L'homme marié est au garçon ce qu'est un volume relié à un volume broché.

10 avril.

L'horreur des bourgeois est bourgeoise.

3 mai,

Papa a maintenant de ces réponses :

— Votre baromètre est-il à la pluie, M. Renard ?

— À la pluie ? Oh ! non, il n'est pas à la pluie ! Au contraire, il est dans la cuisine, bien au sec.

13 mai.

Ce matin, assis sur un fagot, en plein soleil, parmi les longues feuilles de muguet, tandis que nos yeux en cherchaient les perles encore closes, nous avons parlé continuellement de la mort et de ce qui adviendrait si l'un de nous s'en allait. Le soleil nous aveuglait, tout notre être s'imprégnait d'une envie de vivre, et nous trouvions un grand charme à parler de cette inévitable mort, loin d'elle. Ah ! ceux qu'on laisse. Pierre, son chapeau sur l'oreille, en casseur d'assiettes, dormait, souriait, suçait son biberon. Des hommes couchaient de jeunes chênes sur deux fourches piquées en terre par le manche, et prestement leur enlevaient l'écorce, une écorce humide de sève, vivante, pareille à une peau et qui se resserrait dans une suprême contraction.

16 mai.
L'odeur forte des fagots secs.

17 mai.
Une araignée glisse sur un fil invisible comme si elle nageait dans l'air.

21 mai.
— Qu'est-ce qu'il fait donc, Jules ?
— Il travaille.
— Oui, il travaille. À quoi donc ?
— Je vous l'ai dit : à son livre.
— Faut donc si longtemps que ça, pour copier un livre ?
— Il ne le copie pas : il l'invente.
— Il l'invente !
Alors, c'est donc pas vrai, ce qu'on met dans les livres ?

22 mai.
Par les soleils couchants, il semble qu'au-delà de notre horizon commencent les pays chimériques, les pays brûlés, la Terre de Feu, les pays qui nous jettent en plein rêve, dont l'évocation nous charme, et qui sont pour nous des paradis accessibles, l'Égypte et ses grands sphinx, l'Asie et ses mystères, tout, excepté notre pauvre petit maigre et triste monde.

27 mai.

Aujourd'hui, la vache à Marie Piarry a fait veau. Marie pleurait et disait : « Je ne veux pas voir ça. J'vas m'en aller. »

Elle revenait. « Oh ! la pauvre amie ! La pauvre amie ! Tenez ! Elle est morte ! Je vois bien qu'elle est morte. Jamais elle ne sortira ! »

La vache vêlait et poussait des soupirs. Lexandre lui faisait la moue tout en tirant les pattes du veau et disait : « Oui, ma belle ! » Le père Castel présidait et disait : « Mes enfants, tirez, tirez ! »

Tout le monde se sentait mère, et, quand la vache, son veau fait, ayant bu une bouteille de vin sucré, se mit à lécher le sel qu'on avait répandu sur son veau, tout le monde avait les larmes aux yeux.

28 mai.

L'amitié d'un homme de lettres de talent serait un grand bienfait. Il est fort dommage que ceux dont on désire les bonnes grâces soient toujours morts.

29 mai.

— Les hommes ? Oh ! ça me fait faire pipi.

Compter sur quelqu'un comme sur une planche pourrie.

12 juin.

Noter chez le paysan son épouvante de Paris.

14 juin.

Avons-nous une destinée ? Sommes-nous libres ? Quel ennui de ne pas savoir ! Quels ennuis si l'on savait !

L'horizon est plus près ce soir que ce matin.

23 juin.

Le soleil pareil à un balancier immobilisé.

9 juillet.

Toute femme contient une belle-mère.

14 juillet.

La femme parle toujours de son âge et ne le dit jamais.

16 juillet.

Pierre pèse dix-sept livres.

22 juillet.

Je suis assis sur des pierres entassées que des « tolles » enchevêtrées dans des pieux, empêchent de tomber dans l'eau. Le bassin est une cuvette profonde. À travers l'eau claire le fond paraît ferme. Des cailloux polis rappellent les galets de la mer. Çà et là, de grosses pierres pointues, faites pour labourer le ventre d'un nageur. Une bande de feuilles jaunissantes suit un courant d'eau.

Des petites médailles d'écume blanche se détachent d'un bouillon et s'en vont à la dérive, au fil de l'eau. On dirait qu'une bouche d'ange qui s'amuse crache du haut du ciel dans le bassin. D'un coup de queue, une ablette court flairer une brindille de bois. Une perche, zèbre de l'eau, lève la tête, se cabre, et se tient droite dans son fourreau de barres. Mon bouchon penche sur le côté et, sous le roulis, s'agite comme ces lapins en carton dont on branle la tête du bout du doigt. De temps en temps on croit voir, bien bas, au-delà des cailloux, un mouton floconneux traverser le bassin : c'est un nuage qui passe au-dessus de ma tête.

De gros poissons blancs ouvrent leur gueule lentement, lentement, comme on fait avec les mains quand on veut projeter l'ombre d'une gueule de loup sur un mur.

Un poisson qui se retourne met la tache d'une plaque d'argent dans le terne de l'eau.

Et voilà une page de description qui en vaut bien une autre.

25 juillet.

Écrire une série de pensées, de notes, de réflexions à l'usage de Pierre, intitulées « les Cahiers de Boulouloum ».

L'amour : tu aimeras, c'est-à-dire que tu voudras coucher avec une femme, et que tu auras quelque temps du plaisir à coucher avec cette femme.

Littérature : je ne veux pas te faire un cours. Je peux te dire quels livres j'ai relus, et quels écrivains j'ai aimés.

La musique : pêche à la ligne près du pont de Marigny. D'une fenêtre ouverte dans un cadre de branches m'arrivait une mélodie neuve, et j'étais vivement ému quand en même temps, mon bouchon se mettait à danser sur l'eau.

La peinture : je souhaite que tu l'aimes et que tu montres plus de goût que moi qui n'ai jamais pu distinguer un tableau d'une impression lithographique en couleurs.

La famille : j'ai été l'homme de transition. Tu seras le grand homme.

La morale : il est trop tard pour t'en parler. Nul ne pourrait changer ce qui est en toi. On ne revient pas sur des principes. Mon père, qui était entrepreneur de travaux publics, a eu maintes fois l'occasion de voler. Bien qu'il en ait eu la tentation, que mille motifs soient venus à son aide, il n'a jamais pu voler. En morale, la volonté est impuissante.

La politique : fais-en, si tu ne trouves pas que les journaux en dégoûtent.

La philosophie : fais de la philosophie. Quelle expression ! Ce n'est pas moi qui l'ai inventée. Sois mesuré toutefois. Un amateur a risqué plusieurs ascensions en ballon. Il a vu un monde inconnu sous une perspective nouvelle. Il a ressenti une grande joie, éprouvé une grande émotion. Le ballon redescend. Il saute de la nacelle et s'en va, laissant derrière lui le ballon un peu dégonflé. Il ne se fait pas aéronaute.

Boulouloum, je te recommande aussi les contes de fées bien particulièrement. Maintenant encore ils m'enchantent. Les fées nous échappent. Elles sont radieuses et on ne peut les saisir, et, ce qu'on ne peut pas avoir, on l'aime éternellement.

Boulouloum, tout le monde a du talent, du génie aussi, et même de la facilité. Voir l'abbé d'Il ne faut jurer de rien. Ne dis pas : cet homme est sans talent. Encore moins imprime-le. Dis simplement : son genre d'écriture, la sorte de pensées qu'il affectionne me déplaisent. C'est tout ton droit.

Boulouloum, quand tu t'ennuieras trop et que la vie te sera lourde, oh ! lourde à en mourir, prends la quatrième page d'un journal quelconque, et cherche le mot du triangle ou du carré proposé. À cet amusement, les plus grandes douleurs fondent.

28 juillet.
Boulouloum, quiconque lit trop ne retient rien. Choisis ton homme. Relis, relis-le pour te l'assimiler, le digérer. Comprendre, c'est égaler. Être l'égal de Taine, par exemple, c'est déjà joli.

Les champs de blé rasés de frais, avec ces taches verdâtres qui rappellent le bleu de la joue des acteurs.

31 juillet.
Chaque matin, boire une tasse de soleil et manger un épi de blé.
« Petit cochon, vous ne travaillez pas ! » disait Langibout à Anatole.

Ainsi je dois me dire : « Petit cochon, tu ne travailles pas ! » Oui, c'est bon ! Tu bois du soleil, tu regardes, tu observes, tu jouis de la vie, tu trouves bien fait tout ce que le bon Dieu a fait. Les lézards t'intéressent, les demoiselles aussi qui, plantées sur le cou l'une de l'autre, volent de brindille en brindille et se posent, l'une toute droite et raide, l'autre en ligne brisée, le bout de sa queue dans l'eau. Tu te dis : avant d'écrire, il faut voir. Flâner, c'est travailler. Il faut apprendre à tout voir, le brin d'herbe, les oies qui crient dans les étables, le soleil couchant, la queue du soleil couché qui s'étend rosée et pourpre sur tout l'horizon comme un voile déplié où se pose l'arc de la lune. Tu t'emplis de tableaux, les deux mains dans tes poches. Tu lèves les pelles de ta rêverie. Elle déborde de droite et de gauche, sort de son bassin, s'épanouit à l'aventure, au hasard. Tu as même des idées pas gaies. Tu penses à la mort, avec effroi quand il tonne, sans peur quand il fait clair, que la lumière diffuse se fourre partout, regarde par chaque fente de volet et fait pencher les avoines lourdes, quand tu voudrais bien être quelque part, à l'ombre, tranquille, loin du monde, et que tu te vois, nullement ému, les pieds joints, allongé, recueilli, presque souriant, à quelques pouces sous terre, tout près des fleurs, des herbes, de la vie et du bruit. C'est bon. Je t'écoute. Tu ne chasses même plus. Tuer un oiseau te répugne. N'ont-ils pas le droit de vivre ? Tu ne pêches pas.

Les poissons te semblent des êtres animés, qui intéressent comme d'autres bêtes, qui ont des ailes pour voler dans l'eau, qui luttent, qui rusent, qui existent. Tu te fais élégiaque. Tu comprends tout, ma foi ! Tu panthéises. Tu vois Dieu partout et nulle part. Tu as des idées sereines qui te font sourire avec bienveillance. Tu dégustes le temps. Tu te trouves bien comme le reste, mais je te le redis : « Petit cochon, tu ne travailles pas ! »

1er août.

« Baisse la tête comme Pierre Sicambre ! » dit une bonne femme.

Boulouloum, tu te diras bien des fois : « Il me semble que je vais faire un auteur étonnant. » Il n'y a que ce qu'on fait qui n'est jamais étonnant.

9 août.

Un chien : on dirait une descente de lit empaillée.

Mon gros libraire, qui ne connaît des livres que leurs titres, m'a dit, en me remettant le Disciple de Bourget, avec une voix bon enfant, un ton convaincu et un air imbécile : « C'est amusant, mais c'est un peu dur, par exemple. »

12 août.

La grande facilité qu'il avait de s'approprier les idées et les sentiments de ses auteurs favoris paralysait son originalité. Il ne pouvait se tenir en place. Chaque livre lui semblait renfermer quelque excellente maxime, quelque bonne théorie qu'il adoptait aussitôt.

De là, une diffusion dans son esprit, une multiplicité de goûts qui toujours trouvaient leur satisfaction, mais aussi une éclipse du but à atteindre, des pas perdus, d'inutiles voyages littéraires, un obsédant éclectisme qui le contint dans la médiocrité et fit de son âme une véritable âme photographiée, une âme littéraire, parasite des autres âmes et incapable de vivre par elle-même.

16 août.

Quand un train passe sur une plaque tournante, les wagons ont l'air d'avoir le hoquet.

20 août.

Lu Le Portier des chartreux. L'homme a besoin, parfois, de se vautrer comme un porc dans ces saletés bêtement écrites et physiologiquement ineptes.

24 août.

Les écrivains qui n'aiment pas Victor Hugo me sont ennuyeux à lire, même quand ils n'en parlent pas.

28 août.

C'est désespérant : tout lire, et ne rien retenir ! Car on ne retient rien. On a beau faire effort : tout échappe. Çà et là, quelques lambeaux demeurent, encore fragiles, comme ces flocons de fumée indiquant qu'un train a passé.

Dans l'immuable équilibre du monde, le désir que nous avons de voir mourir tel être doit être un préservatif pour lui.

29 août.

Il a une grande répugnance pour tout ce qui est action banale dans la vie courante.

Quand il n'a plus de timbres et que, pris au dépourvu, il doit aller lui-même en acheter un au bureau de tabac, à côté du zinc, en face des œufs rangés qui reposent dans leur ceinture de fil de fer, c'est pour lui un grand supplice.

30 août.

On a beau faire : jusqu'à un certain âge – et je ne sais pas lequel –, on n'éprouve aucun plaisir à causer avec une femme qui ne pourrait pas être une maîtresse.

Le sommeil est la halle aux souvenirs. Il favorise leur retour. Il est leur lieu de rendez-vous. Telle cousine que, tout jeune, on a aimée pour la fraîcheur de ses bonnes joues, à laquelle on ne songe plus depuis des années, qui a disparu de la vie éveillée, revient dans le rêve, tentante, colle sa bouche à votre bouche, noue son corps au vôtre, vous met en feu et laisse, au matin, un long, un indéfinissable regret.

1er septembre.

Je me laisse facilement abattre, mais je reprends le dessus avec une facilité extraordinaire. Je trouve toujours le bon côté d'un ennui. C'est l'effet d'une pusillanimité rare qui m'empêche de regarder les embêtements en face.

Mlle Blanche a été caissière dans un vater-closet à l'Exposition de 78. On payait cinq sous, et dix sous pour les cabinets avec toilette. Elle fait sonner les prix avec orgueil, et à nous-mêmes il semble, devant la fabuleuse énormité du droit d'entrée, que la chose devait sentir moins mauvais que de nos jours où ces petits endroits deviennent d'un bon marché dérisoire.

D'ailleurs, pourquoi les prix ont-ils baissé ? On a envie ou l'on n'a pas envie, n'est-ce pas ?

5 septembre.

L'individu est une plante, l'individu est une graine, l'individu est un fruit. L'art est une plante, la religion est une plante, la société est une plante. Tout est une plante. Malgré toute mon admiration pour le grand écrivain qu'est Taine, je ne peux m'empêcher de remarquer combien toutes ses comparaisons sont pauvres, banales et semblables.

Qu'est-ce que je demande ? La gloire ! Un homme m'a dit que j'avais quelque chose dans le ventre. Un autre m'a dit que je faisais mieux et moins sale que Maupassant un autre. Un autre encore... Est-ce ça, la gloire ? Non, les hommes sont trop laids. Je suis aussi laid qu'eux. Je ne les aime pas. Peu m'importe ce qu'ils pensent. Les femmes, alors ? Une, ce soir, jolie, au beau corsage m'a dit : « Je lis et je relis Crime de village. » Voilà la gloire, je la tiens. Mais cette femme est une belle imbécile. Elle n'a pas une idée. J'aimerais à coucher avec elle si elle était muette. Si c'était ça, la gloire, je n'aurais plus rien à faire. Et cependant, toute proportion gardée, ce n'est pas autre chose ! La quantité change, la qualité reste la même. C'est aussi une question d'oreille. À cette oreille un peu de ouate suffit, à cette autre il faudrait une balle de coton.

6 septembre.

J'envie les peintres. Ils sont maîtres de leur public.

J'observais ce matin M. Béraud au Palais des Machines… Sa toile est devant lui. Elle prend figure. Sur la tête du chevalet préside le chapeau gris de M. Béraud. Le peintre prenait sur sa palette une tache de couleur, la posait délicatement. Il se reculait, souriait, m'expliquait l'ingratitude du sujet et son désir de faire neuf. De plus, il avait une petite badine à la main, et qui sifflait parfois d'une manière inquiétante. Il désignait un point lumineux, un fond terrible à débrouiller. Que voulez-vous que le public fasse devant cette mise en scène ? Il est battu d'avance. Sa vanité entre en jeu et le mène par le bout de sa bêtise. Il ne comprend pas, c'est sûr ; mais, s'il le fait voir, un voisin le remarquera : il a tout intérêt à s'y connaître. Il s'y connaît, et lance un mot peu compromettant, en regardant de droite et de gauche. Le peintre, à ce moment, sourit. Le peintre a souri. Le public est empoigné. Il parlera du sourire et du tableau, du sourire surtout. Le mot qu'il a lancé était si juste !

Le peintre domine les badauds par sa présence et par sa canne. Et puis, on le voit à l'œuvre. Il travaille, au moins, celui-là !

Un littérateur a passé des nuits à faire un livre. Le public l'achète 2 fr. 75. Il l'ouvre chez lui, tout seul, tout seul, comprenez bien cela, sans peur. Il peut le jeter au panier s'il veut, quand il veut. C'est un homme libre. Il ne craint plus le voisin ni la badine cinglante du peintre.

Il peut être stupide à son aise, écraser d'un coup de poing le tome à 2 fr.75, comme une gouvernante qu'on n'observe pas pince la chair d'un baby qui crie trop et l'appelle « vilain monstre » : j'envie les peintres.

7 septembre.

Mlle Blanche fait des vers. Elle trouve qu'il y a des gens qui les font mal. Elle recherche la délicatesse. Une personne l'engage à multiplier ses châles et ses fourrures. Elle lui répond, en vers, qu'une chose tient plus chaud qu'une fourrure : c'est l'amitié. Elle débite ainsi aux amis qui lui offrent à dîner un petit compliment sucré. Pour elle, la poésie, c'est cela. Une idée fine qui lui vient et qu'elle versifie la rend heureuse toute la journée. Elle ne se fait pas un autre idéal du poëte et, par instants, elle pense qu'elle-même est cet idéal. Qui osera lui dire qu'elle se trompe ?

8 septembre.

Mme Barat, après nous avoir dit qu'elle adorait son mari, nous raconte qu'il met des bas, qu'il porte des jarretières, et qu'il lui faut en été des petits caleçons en toile bleue, pareils à des culottes de suisse. C'est elle qui les confectionne. Il les veut bleus : rien à faire. Elle finit en disant : « Oh ! ces vieux maris qui ont des manies ! »

Cela me rappelle celui de Mme G… Il voulait, chaque matin, passer sa jambe dans sa culotte sans toucher le drap. Il recommençait jusqu'à réussite complète.

Il exigeait autour de lui, dans son cabinet de toilette, une douzaine de serviettes au complet, pas onze, pas treize, qu'il mettait toutes en train, chacune ayant son petit bout de peau à essuyer.

9 septembre.

Boulouloum, tu auras beau t'ennuyer, plus tard, dans un salon. La maîtresse de maison ne s'en apercevra pas, ne le croira pas. Elle trouvera simplement que tu as l'air « anglais ».

18 septembre.

Ce qui n'a pas été fait, c'est un livre moderniste sur la campagne.

La campagne se prête à toutes les divagations du rêve. On questionne bien tranquillement le ruisseau, l'arbre, les grandes luzernes : ils ne répondent pas et ce qui dégoûte des hommes, c'est qu'ils veulent toujours répondre aux questions qu'on leur pose. Chacun nous offre une certitude, une solution : c'est désolant.

Je ne sortirai pas de ce dilemme : j'ai les ennuis en horreur, mais ils me fouettent, me rendent talentueux. La paix et le bien-être me paralysent, au contraire. Donc, être nul, ou être éternellement embêté. Il faut choisir.

J'aime mieux être embêté, je le dis.

Cela m'ennuiera bien, d'être pris au mot.

24 septembre.

Commencé Obermann de Sénancour. Illisible.

Non, vraiment, je ne peux pas aller jusqu'au bout. C'est insensé, ce culte de l'ennui. Était-ce assez idiot, cet ancien « vague à l'âme ! » L'âme, ce n'est pas grand-chose, mais cette école-là arrivait à en faire rien du tout.

25 septembre.

Je lis roman sur roman, je m'en bourre, je m'en gonfle, j'en ai jusqu'à la gorge, afin de me dégoûter de leurs banalités, de leurs redites, de leur convenu, de leurs procédés systématiques, et de pouvoir faire autre.

26 septembre.

Je n'ai vu qu'une fois Théodore de Banville. C'était chez M. Labitte, un poëte lamartinien d'un très médiocre talent, mais très aimable, et qui me faisait pitié par la façon dont il me racontait les vilenies de sa femme. Banville fit ce soir-là une courte apparition. Il a, je crois, l'habitude de se coucher de bonne heure. Je me rappelle sa figure, large et pâteuse comme un fromage blanc, sans poils dessus. Il m'était entièrement inconnu comme poëte. À ce moment-là, je ne lisais guère que moi-même. C'était toutefois une célébrité pour moi, mais une célébrité que je n'avais pas contrôlée. Je n'avais pas à cette époque, chose curieuse, en 84, à vingt ans, cette timidité invincible qui m'est venue plus tard, qui m'empêche d'aller dans le monde, qui me tient comme un mal intime, et qui me fait trembler dès que je m'approche d'une gloire, ce qui d'ailleurs m'arrive rarement. Banville ne me produisit donc aucune espèce d'impression.

Labitte me présenta comme poëte et comme étudiant en droit.

— Poète, c'est bien, dit Banville. Mais étudiant en droit !...

Je lui affirmai que j'allais au cours aussi peu que possible. Il parut me sourire d'une manière bienveillante. Ce fut à peu près tout. Je crois qu'il me reprocha encore d'avoir fait lire, au lieu de les lire moi-même, mes premiers vers, les Étoiles, qu'il trouva « très bien », par une espèce d'imbécile, M. Ruef, poëte aussi, mais vieux poëte raté, qui sans doute avait voulu se redorer un peu en me patronnant, en me faisant complaisamment, avec abnégation, un petit succès de salon.

Vaniteux alors plus que je ne le suis maintenant – j'ai déjà suivi le convoi d'un grand nombre de mes rêves – tout plein du petit bourdonnement amical qu'avait provoqué la levée de mes étoiles, je n'écoutais pas Banville. Je le regrette amèrement, et j'ai perdu ce jour-là une belle occasion d'entendre sa causerie triomphale, métaphorique, lyrique et continûment spirituelle dont ses Souvenirs nous donnent la sensation lointaine et affaiblie.

Je me souviens encore que, le poëte Grangeneuve désirant lire, avec sa voix profonde de Gaulois, quelques vers du maître, Banville tendit la main d'un mouvement lent, onctueux comme un geste de prêtre, et dit :

— Non, je vous en prie ! Cela me ferait de la peine.

Le mot était joli, mais combien de fois Banville l'a-t-il servi !

Plus tard, si le bon Dieu me donne à choisir le paysage où je devrai revivre, je lui demanderai un paysage toujours lunaire, afin de voir éternellement la molle et belle lune épancher « sur les forêts ce grand secret de mélancolie qu'elle aime à raconter aux vieux chênes et aux rivages antiques des mers ». Une superbe phrase d'Atala, qui m'a toujours produit une impression énorme de solitude et d'ampleur.

Un franc succès, c'est-à-dire une chute qu'on n'a pas la franchise d'avouer.

28 septembre.
Tu n'es pas assez mûr, dis-tu. Attends-tu donc que tu pourrisses ?

30 septembre.
Il me vient à l'idée de réunir mes notes en un volume, de les grouper en chapitres. Généralités : l'homme, la femme, les amants, les littérateurs, la ville, la campagne, la mer, le poëte, l'ami du poëte, Dieu, la politique, conseils à Boulouloum.

Pour achever un roman, il faudra toujours que je me propose d'en faire deux.

Mérimée. Oh ! le méchant ! Faisons-lui les cornes. Rageur et boudeur, ses colères ressemblent à celles d'un enfant auquel on donne un os de côtelette à ronger.

Lecture à un ami. Ah ! mon ami, tu m'as fait bien souffrir ! Je vois encore ton visage… Non, je ne veux plus le voir. Je te disais : « En veux-tu encore un peu ? » Était-ce du thé ou des vers ? Tu hésitais.

Quelle souffrance pour moi ! Je me dévouais et remplissais ta tasse ; puis, je feuilletais mon manuscrit avec des sourires, des petits oh ! oh !, des clins d'yeux qui tentent, pour t'enjôler, te remettre en goût. Mais tu buvais ta tasse avec lenteur, les yeux à moitié clos, dans un nuage de vapeur légère.

Amis idiots, à quoi servez-vous donc ? Je rentrais mon manuscrit dans sa chemise, mais avec quelle maladresse ! Certes, la maîtresse nue qui remet aux yeux de son amant une chemise jetée au loin tout à l'heure et qui veut retarder la mort de son désir n'invente pas plus de ménagements, de difficultés à trouver la manche, de prudence à rabattre les plis… L'artilleur qui remet dans le manège, au trot saccadé de son cheval, son sabre au fourreau…

Mais, ami, ton désir à toi était bien mort. Le manuscrit rentra dans sa peau de toile, et je t'aurais volontiers jeté a la figure la théière bouillante. Amis, chers amis, criez donc toujours : « C'est beau, bien beau ! Encore ! Encore ! » Cela vous coûte si peu de le dire, et, quand vous ne le dites pas, nous sommes tant peinés, et pour si longtemps !

Il est des gens maladifs et condamnés qui vous recommandent, à mots voilés, de faire votre caca avec soin, sur le même ton qu'ils vous diraient : « Honore ton père et ta mère. »

À la salle d'armes, un tas de marquis, de comtes. Ces gens-là vivent de leur nom comme d'autres de leur travail.

Ils me produisent une forte impression. Plébéien, fils d'un paysan, je les crois tous imbéciles.

Pourtant, ils m'imposent, et, quand je passe devant leurs tristes académies nues, je leur demande pardon avec timidité.

4 octobre.

Il avait des façons de parler délicates et disait : « N'est-ce point ? » au lieu de « N'est-ce pas ? »

5 octobre

M. B… est si petit et il a une bouche si grande qu'il tiendrait aisément tout entier dans sa bouche.

6 octobre.

Ce que j'ai fait de plus utile jusqu'ici, c'est certainement d'avoir fait tourner des gros sous sur mon bureau pour amuser François.

Un jour, on mettra des phonographes dans les pendules. Elles diront, au lieu de sonner « Il est 5 heures, 8 heures. » On leur répondra. « Tu retardes ou tu avances. » Nous causerons avec le temps. Il s'arrêtera pour tailler une bavette, comme un simple concierge ou une bonne chez le fournisseur.

Une femme très bien, une femme à bonne tenue, qui fait son

possible pour ne pas avoir l'air trop cochon.

8 octobre.
À force de regarder les toiles de M. Béraud, l'éducation de mon œil se fait. Je goûte une tache et je m'imagine comprendre un effet de lumière.

J'ai eu autant de peine a aimer les gâteaux, mais, maintenant, je les mange sans trop de haut-le-cœur. Je vais même jusqu'aux confiseries. Est-ce que je finirai par m'empeinturlurer l'esprit ?

9 octobre.
Pour se faire une tête, il se coupait soigneusement les cheveux a tort et à travers, afin que, çà et là une mèche droite et protestante pût indiquer l'excentricité de ses pensées et l'audace de ses intentions.

Vous dites : « Je suis vaniteux », mais vous l'êtes surtout parce que vous dites que vous l'êtes.

R... porte des cols sales comme des fromages, et des gilets peints où l'on voit, sur un fond vieil or, de petits bonshommes lumineusement blancs jongler avec des fleurs roses.

La conversation, ce soir, a roulé sur le succès de Barrès, du fond de nous tous montait, avec la vapeur du potage et le fumet du poulet farci, le dépit de n'avoir pas eu le nez long comme le sien.

10 octobre.
Femme pareille à une cheminée. Il est temps de lever ta robe : le feu doit être pris.

15 octobre.
Une personne embrouillée, subtile, à complications, qui donne la sensation d'une toile d'araignée.

21 octobre.
Un La Bruyère en style moderne, voilà ce qu'il faudrait être.

Il y a des gens qui donnent un conseil comme on donne un coup de poing. On en saigne un peu, et on riposte en ne le suivant pas.

Quand je serre une femme dans mes bras, je me rends parfaitement compte qu'à ce moment encore je fais de la littérature. Je dis tel mot parce que je dois le dire, et parce qu'il est littéraire. Même alors, il m'est impossible d'être naturel. Je ne sais pas l'anglais, mais je dirais plus volontiers : « Je t'aime », en anglais, que « Je t'aime » en naturel.

Rien de plus mauvais que les nouvelles de Balzac. C'est trop petit pour lui. D'ailleurs, quand il avait une idée, il en faisait un roman.

Les souvenirs, ce soir, ont pris pour tambourin mon cerveau.

Une jolie femme doit être propre et coquette dès le matin en faisant son ménage, et briller comme une pièce d'argent dans un tas d'ordures.

22 octobre.

Papa, aujourd'hui, met des gants comme un jeune homme. C'est une coquetterie qui lui vient sur le tard. Si on lui demandait pourquoi, il répondrait que la vieillesse lui glace déjà le bout des doigts.

28 octobre.

On rencontre dans les bureaux de commissaires police des gens du genre qui suit. L'inspecteur :

— Combien avez-vous d'enfants ?

— Cinq, non, six. Non, cinq.

— Voyons ! Cinq ou six ?

— Monsieur l'inspecteur, c'est plutôt six.

— Où demeurez-vous ?

— Rue Legendre.

— C'est bon. Allez-vous-en.

— Ah ! pardon, monsieur l'inspecteur. J'ai dit : rue Legendre. Mais c'est pas celle-là : c'est celle d'à côté.

— Combien y a-t-il de temps que vous habitez dans cette rue ?

— Un an.

— Et vous ne savez pas son nom ?

— Je l'ai oublié, monsieur l'inspecteur.

Ces gens-là ont le droit de voter comme M. Renan.

1er novembre.

Il a toujours le petit mot pour faire rire de lui.

4 novembre.

Non, décidément, Barrès se retient trop. Il sera malade quelque jour. Sa sincérité contenue fera péter sa peau. Il mourra d'une conviction rentrée, étouffera de civilisation comme d'autres d'un manque d'air. Des sensations courtes rendues par des phrases brèves. Est-ce neuf, ce qu'il dit ? Il adore la tranche des manuels classiques.

Quand on a dit : « Il n'y a rien », une fois, une seule, n'est-ce pas suffisant ? Restent les apparences, les belles et variées apparences qui composent un Univers bien assez réel pour notre petite vie jusqu'à notre petite et proche mort. Barrès, mon ami, déboutonnez-vous : vous sentez le concentré.

On étouffe chez vous ! Aérez !

5 novembre.

Autre préface pour Françoise (Les Cloportes) :

« Une petite préface vaut bien un long chapitre. Jusqu'ici, je trouvais mon roman très bien dans son entier développement. Il n'y a rien, là, qui doive étonner. Toutefois, en corrigeant mes épreuves, je me suis aperçu qu'une aventure épisodique me déplaisait. Après des hésitations variées qui m'ont tenu éveillé même la nuit, j'ai pris sur moi de la supprimer. J'espère que tout le monde s'en plaindra. Pourtant, si, parmi mes deux ou trois lecteurs (ô hypocrite !), il s'en trouve un qui, non content d'être assuré que Françoise est morte, veuille connaître la manière dont elle mourut, je me ferai un plaisir de lui communiquer le manuscrit. »

Ah ! si j'avais un secrétaire de mes rêves ! Quelles belles choses il écrirait ! Le jour, j'allume seulement ma pensée. Elle est parfois morne comme un feu qui ne veut pas prendre. Mais, dès le sommeil, elle flambe. Mon cerveau est une usine de nuit.

Une peau douce comme la pulpe d'un fruit.

6 novembre.

Nous voulons fonder une revue. Chacun de nous disait : « Qui fera la chronique ? » Personne ne voulait faire la chronique. Quelqu'un proposa : « Nous la ferons (chacun) à notre tour. »

À la fin, il s'est trouvé que, tous, nous avions une chronique en poche, à livrer, tout de suite, au premier numéro…

Vallette, comme rédacteur-directeur, agrémente sa conversation d'expressions telles : majoration, fonds de caisse, rentrées, comptes rendus.

En somme, notre mépris de l'argent proclamé haut et fort, nous serions grandement enorgueillis si le premier numéro nous rapportait dix sous.

9 novembre.

Les marins et les marines sont en honneur. Moi aussi, je les aime, les marins et la mer ; mais vous verrez que j'arriverai à parler d'eux quand ils seront communs comme la Tour Eiffel, usés jusqu'à l'ancre, quand on aura multiplié leur collier de barbe comme la lune son croissant, quand on ne pourra plus en voir un sans avoir le mal de mer !

10 novembre.
La honte de pleurer qui donne l'effronterie de rire.

14 novembre.
Hier soir 13, première réunion de La Pléiade au Café Français, vu des têtes étranges. Je croyais qu'on en avait fini avec les longs cheveux. J'ai cru entrer dans une ménagerie. Ils étaient sept. Retrouvé Court. Il n'a pas grandi, et, bien que je ne l'aie pas vu depuis cinq ans au moins, il m'a semblé qu'il n'avait pas encore pris le temps de renouveler son faux col, ni ses dents. Vallette me présente. Nous nous sommes tous connus de nom.

On se lève avec politesse, car je suis le gros capitaliste de l'affaire. Déjà je m'effraie de certaines odeurs qui se lèvent. On s'assied, et, sur mon calepin en dedans, je commence à prendre des notes. Quelles chevelures ! l'un d'eux ressemble à l'homme qui rit, mais il rit mal, parce qu'un bouton gros de pus pend à sa lèvre inférieure. On peut compter ses poils de barbe, mais je n'ai pas le temps. Sa chevelure me captive, son chapeau mou, son dolman à col d'officier qui lui gante le buste, et son monocle qui tombe, qui se relève, éclate, inquiète. Elle cache ses oreilles, sa chevelure ! A-t-il des oreilles ? J'espère qu'une porte, en s'ouvrant, un journal, en se déployant, va faire, d'un souffle, envoler une ou deux boucles, et que je pourrai les découvrir. Mais non, les boucles sont trop lourdes et je finis par croire qu'il a les oreilles coupées. Les vilaines mains ! Des doigts rouges et pareils à des cigarettes mal roulées. Je ne peux pourtant pas toujours les regarder. Cela devient indécent. Il va m'emprunter dix francs pour le coup d'œil. Je tourne la tête à gauche. Autre chevelu. Une tête de bois, d'un lion de ménagerie pauvre qu'on oublie de peigner. C'est encore surprenant : des cheveux touffus comme un chêne en juin, et presque point de barbe. Le menton est blanc, le nez long, aplati un peu, un nez de lion, quoi ! une bouche petite, mais encore trop grande pour les dents jolies comme des fins de cigare. Il se nomme Auriet, je crois (Aurier). De temps en temps il passe ses doigts dans sa chevelure et retire ses ongles pleins d'un élément gris, gras, résineux.

Cela me fatigue je cœur, et, comme une cire de coiffeur tournante sur une vis, ma tête se déplace.

Maintenant, je fais face à une tête aride. J'éprouve la sensation de sortir d'un bois pour entrer dans une plaine. Ici, la végétation manque. Tout est brûlé par le soleil. Pas de sève. Les yeux sont rouges. Il leur faudrait un peu de charpie, un linge imbibé d'eau fraîche. Les oreilles à incrustations primitives ressemblent à des rochers où rien ne germe, des rochers creusés par des chutes de cataractes. Le regard a peine à se tenir sur cette figure-là, se bute à des nervures osseuses, enfin tombe dans une bouche profonde et large où rien de blanc n'apparaît. Comment ce monsieur ne se couvre-t-il pas d'une perruque ? Mais non. Sa tête est moissonnée, rasée d'une manière prodigue. Elle n'a rien gardé. Avec une pince à épiler, on pourrait plutôt extraire de ce crâne une idée qu'un cheveu. Il ne dit rien. Est-ce un idiot ? Tout à l'heure, quand il va parler, nous dresserons la tête, comme des cerfs qui sentent les chiens.

Cependant, j'entends la voix de Vallette.

— Peut-on considérer la revue comme une personne morale ? Voilà la question.

— Ah !- Oh !- Oui.

— Car, enfin, si on opérait une saisie-arrêt…

On se consulte. Ils n'ont assurément jamais rien eu à faire saisir. Toutefois, l'inquiétude naît. Le mot paralyse. Chacun se voit en prison, assis sur un banc, au milieu des petits paniers de provisions qu'apporteraient ses amis.

— Permettez ! Mais, si on saisissait la revue comme personne morale, c'est qu'alors elle serait immorale.

Je crois que c'est moi qui ai dit cela. Est-ce assez bête ! Pas de succès, et je rougis comme un bocal sous un réflecteur.

Le danger d'une saisie semble écarté. Vallette, rédacteur en chef, consulte un petit bout de papier écrit au crayon, et continue :

— Et, d'abord, le titre. Conservons-nous le titre de La Pléiade ?

Moi, je n'ose pas le dire, mais je le trouve un peu vieillot, ce titre astral, Marpon-Flammarion. Pourquoi pas le Scorpion ou la Grande Ourse ? Et puis, des groupes de poëtes ont déjà pris ce titre sous Ptolémée Philadelphe, sous Henri III et sous Louis XIII. Néanmoins le titre est adopté.

— Et la couleur de la couverture ?

— Beurre frais. - Blanc mat. - Vert pomme. - Non ! Comme un cheval que j'ai vu - Gris pommelé alezan. Non ! Non !

Vallette ne se rappelle plus bien le cheval qu'il a vu.

— Couleur d'un tabac sur lequel on aurait versé du lait.

— Si on faisait l'expérience ?

On fit apporter un bol de lait, mais personne ne voulut livrer son tabac à gâcher.

On commença à parcourir la série des nuances, mais les mots manquaient. Il eût fallu Verlaine.

On y suppléait par le geste, des écartements de doigts, des attitudes impressionnistes, des gestes suspendus en plein air, des projections d'index qui faisaient des trous dans le vide.

— Et vous, Renard ?

— Ça m'est égal, moi.

J'ai parlé avec indifférence, mais au fond j'adore le vert de certains Scapins retour de kiosque, un certain vert délayé par les intempéries.

— Et vous, Court ?

— Je suis de l'avis de la majorité

— Tout le monde est de l'avis de la majorité. Où est-elle ?

Elle se concentre sur le mauve. Les rideaux mauves sont si jolis ! Et puis, le mot rime un peu avec alcôve, et l'association d'idées mouille les prunelles d'Aurier ; il doit connaître une grande dame élégante.

Vallette reprend :

— Au verso, nous mettons, n'est-ce pas ? les titres des ouvrages parus.

Chacun se tait.

— Et des ouvrages à paraître.

Tout le monde veut parler, Aurier : le Vieux, Vallette : Babylas, Dumur : Albert. Et la liste s'allonge, titrée comme si elle descendait des Croisades.

— Et vous, Renard ?

— Moi, je n'ai pas de titres. Ah ! par exemple, j'ai de la copie !

J'ai l'air de dire qu'ils n'en ont pas. On me regarde obliquement.

— Passons au format, dit Vallette. On aurait peut-être dû commencer par là.

— M'est égal. – Je m'en f…

— Pardon, dit Aurier. Il faut de l'air, des marges, de belles marges. Il faut que le texte ait la possibilité de se mouvoir sur le papier.

— Oui, mais cela se paie. – Ah ! Ah ! – Je demande le format in-18 à cause de ma bibliothèque.

— C'est mesquin. – Ça ressemble à un carnet de blanchisseuse. – Oui, mais ça se relie très bien, et cela permet de garder la composition pour une plaquette. Ainsi, par exemple... – Affaire commune.

— Voyons maintenant le contenu. Au premier numéro, tout le monde doit donner.

— Nous serons tassés comme des harengs en caque.

On découpe la revue en tranches.

— J'en prends dix, parfaitement. Je les paie trente francs.

Enfin, on s'arrange comme des voyageurs de diligence. On me pardonne parce que je n'ai pas de vers à donner, et tous offrent des vers.

— Frontispice et culs-de-lampe, bien entendu.

— Oui, beaucoup de culs-de-lampe pour détacher les pièces de vers les unes des autres, car elles se tiennent comme on fait queue au théâtre avec la peur de ne pas entrer.

Si on allait les confondre !...

Vallette va faire un article sur La Pléiade. Voici à peu près le fond. Il y a trois raisons de fonder une revue : 10 pour gagner de l'argent. Nous ne voulons pas gagner d'argent...

On se dévisage. Qui est-ce qui va dire, ici, qu'il veut gagner de l'argent ? Personne. C'est heureux, vraiment.

— Serons-nous décadents ?

— Non ! À cause de Baju. Vous savez qu'il est instituteur.

— Tant pis ! Le dieu Verlaine ne nous placera pas à sa droite.

— Serons-nous clairs ?

— Oui, clairs. – Très clairs. – Oh ! Très clairs. N'exagérons rien. Mettons clairs-obscurs.

— N'apportez que le dessus de vos paniers, dit Vallette.

Samain, un jeune homme distingué, en gants pomme, qui n'a encore rien dit, tout occupé à dessiner sur la table un gros fessier de femme nue :

— Et nous donnerons le dessous au Figaro.

— Il ne faut pas blaguer le Figaro. Aurier en est.

— Et Randon aussi.

Aurier, c'est le lion. Randon, c'est la tête aride. Dès lors, ils eurent toute notre considération, et voici comme Aurier nous parla :

— Oui. Sapeck était devenu fou. Je savais sur son compte quelques fumisteries. Un ami me conseille de les porter au Figaro.

J'y cours et, le samedi suivant, je suis tout étonné de retrouver mes brins de suie (puisqu'il s'agit d'un fumiste), en plein Supplément du Figaro. Je passe à la caisse. On me donne 86,40 F. On m'a volé de 0 fr. 60. À six sous la ligne, j'avais droit à 87 francs net.

Vallette :

— On vous a retenu les 60 centimes pour votre retraite.

Ce fut au tour de Randon.

— Moi, j'ai la spécialité des nouvelles à la main. Je les adresse à Magnard lui-même. On en a fait passer quatre. À trois francs l'une, cela fait douze francs. Le matin, en me levant, je cours au kiosque voisin. J'achète le Petit Journal et je feuillette le Figaro. Si je vois ma nouvelle, je cours vite à la caisse. On me connaît. J'entre comme un rédacteur en chef.

— Mais comment sait-on que les nouvelles sont de vous ?

— D'abord, je les signe. Cela regarde ensuite la conscience du « Masque de fer » qui fait établir son bordereau. D'ailleurs, si le caissier hésite en consultant ses livres, je lui récite par cœur la nouvelle à la main. Il se tord, et, convaincu, me paie rubis sur caisse. Allez, mes amis ! Courage ! Trouvez des mots, faites de l'esprit : ma vie est assurée.

Je ne viens pas ici pour en être de mes frais, de mon café de cinquante. J'écoule les nouvelles à la main des autres. On les appelle ainsi parce qu'on les fait d'un tour de main, et qu'elles fleurissent entre les doigts comme des manches à gigot en papier.

Il voulut nous en réciter quelques-unes, mais elles nous parurent détestables, sans doute parce que le « Masque de fer » ne les avait pas encore acceptées et fait imprimer…

Par malheur, la question des cotisations fut agitée. Vallette fit observer qu'il allait les écrire sous la dictée de chacun, mais au crayon, afin de pouvoir les effacer plus facilement au premier repentir possible. Renard, 30, Dumur, 20 ; Vallette, 10 ; Raynaud, 10 ; Court 5. Cela allait en se raccourcissant comme une queue de lézard. J'ai cru que quelqu'un allait mettre un bouton, pour finir. Justement fier, je me fis aussitôt, pour mes 30 francs, une haute idée de moi-même et de l'Univers, et, dédaigneux, je me gardai de dire quoi que ce fût pour écraser sous une pile de garanties les soupçons qui certainement éclosaient dans le cœur de ces hommes au sujet de ma solvabilité.

Il fut décidé qu'on se réunirait le premier et le dernier vendredi de chaque mois dans un café sur son déclin, « afin de le relever ». Il fut décidé qu'on verserait deux cotisations à la fois, car il faut qu'une revue puisse dire : j'existe, et le prouver, et cela n'est pas aussi facile que le pensait Descartes…

Les verres étaient vides.

Il restait trois morceaux de sucre dans une soucoupe. Aurier les prit entre le pouce et l'index et les offrit de loin. Les têtes allèrent de droite et de gauche. Il n'insista pas et, avec simplicité, il serra le sucre dans sa poche de redingote. « C'est pour mes lapins », dit-il, en parodiant un mot de Taupin. Pour son déjeuner du lendemain, peut-être.

Tous se préparaient au coup de la fin. On y travailla de onze heures à minuit et quart, chacun en silence. Il en valait la peine. Qui paierait les consommations ? Les hypothèses se promenaient sous les bancs, sournoises et muettes, comme des araignées. Le capitaliste à 30 francs se devait cette générosité à lui-même, mais il s'obstina à rester son débiteur. Peu à peu, les femmes d'amour s'en allaient, celle-ci solitaire, celle-là tenant avec âpreté par le bras ou par le pan de sa redingote un homme en proie aux démangeaisons. Déjà les garçons prenaient la liberté de s'asseoir sur le matériel de l'établissement, table ou chaise… La caissière comptait sa caisse, et nous entendions avec douleur sonner entre ses doigts les baisers des républiques d'argent entrechoquées avec bruit.

Ce que voyant, l'un de nous, M. Samain, appela un garçon et dit :

— Combien ?

— Tous les cafés ?

— Non : un.

— Quarante centimes, monsieur.

Il en donna cinquante et se leva.

Chacun pour soi, et deux sous pour le garçon. C'était un homme, celui-là !

16 novembre.

Une grande bouche, une petite voix. Figurez-vous un vent coulis qui sortirait par une porte cochère.

19 novembre.

Revue Rachilde, Mme Vallette : un corsage rouge flamboyant, colliers au cou et au bras, colliers d'ambre. Les cheveux coupés à la garçon, et raides, et va comme je te peigne. Toujours des cils comme de gros et longs traits de plume à l'encre de Chine. Arrivent Dumur, Dubus. Le premier, toujours colère, le second, neuf pour moi, mais, au bout d'un instant, vieux jeu. Je n'ai plus besoin d'avoir de l'esprit, et il m'est insupportable de retrouver celui que j'avais du temps du Zig-Zag. Dubus parle de gardes-malades qu'il a eues après un duel, je crois. Il n'avait qu'à dire : « Je suis blessé, venez. » Elles venaient.

Elles étaient une douzaine. Elles ont dû passer leur temps à l'épiler, car il a les lèvres et le menton blancs comme un élève du Conservatoire. Il se marie, on le marie. Il est en procès avec son grand-père. Il pose, parle, interrompt, dit des paradoxes vieux comme des cathédrales, ennuie, assomme, mais continue, a des théories sur la femme. Encore ! Ce n'est donc pas fini d'avoir des théories sur la femme ? Imbécile ! Tu fais comme les autres quand tu es sur une femme. Tu dis : je t'aime, je jouis, et tu lui bois sa salive simplement, comme un homme. À moins que tu ne sois pas un homme.

Vallette arrive. On sent qu'il a un domicile. Il se tait suffisamment. Rachilde voit que je m'embête et me parle du bébé. Mais je m'embête tout de même, car j'ai en dégoût l'originalité de Dubus. Il me semble qu'on me fait manger quelque chose pour la millième fois. C'est peut-être aussi le chouberski, mais j'ai mal au cœur. On sonne. C'est Louis Pilate de Brinn Gaubast. Je me sauve. J'ai à peine le temps de voir une sorte de Méphisto élégant, et puis je crois n'avoir rien vu.

C'est toujours le procédé de Rachilde : faire croire aux autres qu'ils sont plus malins qu'elle. Elle dit : « Vous qui faites de l'art. » En effet, ils en font, ils en font trop. Ils puent l'art, ces messieurs. Non ! Assez ! Plus d'art, que je me débarbouille en embrassant Marinon et Fantec !

Lu des vers de Dubus dans La Pléiade. Ce n'est pas mal, mais pourquoi être si vieux jeu, si épatant, si fastidieusement peu naturel !

20 novembre.

Dubus à un homme froid :

— Moi, monsieur, je ne peux travailler, quand je travaille, qu'à la lumière des lampes. Je me suis fait faire des volets doubles. Dans le jour, je les ferme et j'allume.

L'homme froid :

— Oh ! moi, monsieur, je suis bourgeois comme un aigle. Le soleil me suffit et ne me fait point peur.

23 novembre.

Je lis aujourd'hui, dans La Revue bleue un article sur Barrès.

Barrès est à la mode. Si on le considère comme littérateur, ce qu'on pourrait dire de plus exact, c'est ce que Rivarol disait de Lauraguais : « Ses idées ressemblent à des carreaux de vitres entassées dans le panier d'un vitrier, claires une à une, et obscures toutes ensemble. »

25 novembre.
J'aime les hommes plus ou moins, selon que j'en tire plus ou moins de notes.

26 novembre.
Vallette dit : « Voir la vie en encre de Chine. »

3 décembre.
Vu, chez Rachilde, Trézenik, figure bien franche et sympathique. Il essaie, lui, l'ancien directeur de Lutèce, de faire un journal qui soit lu de tous les lettrés. Tout le monde y vient donc !
Trézenik nous disait qu'aucun étudiant ne lisait Lutèce, ce petit journal qui faisait tant de tapage dans la grande presse.

4 décembre.
Les tailleurs ont de l'esprit. « Monsieur, me dit l'un d'eux en m'essayant des cols de pardessus, nous en avons pour tous les cous. »

5 décembre.
Hier, Raynaud m'a amené, non deux gendarmes, mais trois poëtes, Maurice du Plessys, Marius André et l'autre. Ah ! l'autre, c'est un muet.
Étonnant, Raynaud ! Il amène ses amis, les plante là, dit qu'ils sont tous distingués, et ne s'en occupe plus. Marius André, ex-rédacteur en chef du Faune, cheveux longs, barbe rare (décidément, ça revient à la mode), Méridional, connaît tout et tous, parle de tout et de tous, et trouve que le boulangisme, par exemple, n'a commencé à être fort qu'aux élections dernières, celles d'octobre, a une voix grave, des chaussettes et des souliers qui, manifestement, ne sont pas faites les unes pour les autres. À un tas d'amis qui regorgent de talent. Il a des lettres de René Ghil où il est avoué que le Grand OEuvre est parfait, et même à recommencer. Les uns le vomissent, les autres le retiennent, comme Louis Lecardonnel qui fait la coquette avec les éditeurs. M'a promis de revenir me voir sans que je le lui demande. A montré une animation particulière quand on a parlé des voyelles peintes de Rimbaud. Fantec en a crié. Papa s, est sauvé. Marinette avait peur pour les tasses. Raynaud parlait d'un savant allemand et des couleurs complémentaires…

Du Plessys s'est d'abord chauffé les pieds. Il a une jaquette galonnée, des boutons en fer rouge à son gilet et un pantalon collant. Un peu terne, un peu sans audace à côté du Méridional. Rachilde tenait tête à tous et disait : « Moi, dans ma petite jugeote de femme… » Suivait une énormité… Elle a un culte pour le latin. Elle aime les mots en us, qui lui semblent gonflés de signification. C'est peut-être pour cela qu'elle a fait Monsieur Vénus.

6 décembre.
Rosny, une sorte de Zola compliqué, avec une phrase artiste où les incidentes se bousculent.

7 décembre.
Les romanciers parlent souvent de l'odeur de la femme habillée qu'on approche d'un peu près. Il faudrait s'entendre : ou la femme se sert de parfums, et ce n'est pas elle qui fleure, ou cette odeur provient des aisselles et du bas-ventre, et alors c'est qu'elle ne se lave pas. La femme saine et propre ne sent rien, heureusement !

11 décembre.
Un homme qui apprend la mort de sa maîtresse en présence de sa femme, et qui, ne pouvant montrer sa douleur, la résume en ces simples mots : « Je suis veuf. »

20 décembre.
Il dressait soigneusement la liste de ceux qui sont arrivés tard, et il se réjouissait de constater que tel contemporain en vogue dépassait la quarantaine. Il se disait : « J'ai bien le temps ! »

26 décembre.
Cette sensation poignante qui fait qu'on touche à une phrase comme à une arme à feu.

28 décembre.
Écrire un dialogue entre un monsieur qui est en villégiature et connaît la campagne d'après George Sand, et un vieux paysan très simple et point chimérique.
Le monsieur questionne le paysan sur ses « instruments aratoires », sur sa « chaumine ». Les illusions du monsieur poëte tombent une à une, cassées aux réponses sèches du bonhomme.

1890

2 janvier.

On peut être poëte avec des cheveux courts. On peut être poëte et payer son loyer.

Quoique poëte, on peut coucher avec sa femme.

Un poëte, parfois, peut écrire en français.

23 janvier.

Peut-être, cher monsieur Tailhade, qu'il est possible d'avoir du talent sans traiter tel littérateur d'idiot, et tel autre, de dentiste.

24 janvier.

On constatait hier soir une originalité pour le Mercure de France. Les poëtes n'y ont pas encore parlé de leur lyre.

Il faut opérer par la dissociation, et non par l'association des idées. Une association est presque toujours banale. La dissociation décompose et découvre des affinités latentes.

27 janvier.

Des vers, c'est de la prose avec des gants et des bretelles américaines ; c'est de la prose qui pose, qui fait plastron comme un invité en soirée.

28 janvier.

Les bourgeois, ce sont les autres.

1er février.

Écrire un roman où l'on mettrait avant l'heure la mort d'un contemporain.

8 février

Cet homme de génie est un aigle bête comme une oie.

9 février

Ce qu'on a dû donner à Sully Prudhomme de vases à briser.

— Avez-vous déjà donné quelque chose aux éditeurs ?

— Oui, mais ils me l'ont bien rendu !

11 février.

Chez Rachilde. M. Langlois le peintre, le fils d'Albert Wolf peut-être, si Albert Wolf a des fils. Longueur de pieds, longueur de phrases, longueur de corps. Un pantalon un peu court, par exemple…

Charles Morice parle la tête dans son pantalon. Des guêtres sur ses souliers. Oh ! ces guêtres ! Elles se soulèvent comme des visières, des visières à plis, de pauvres visières. Un faux col sale, un gilet qui bâille par toutes ses boutonnières. Des cheveux pas coupés, une barbe rare, un monsieur mielleux et mauvais. Il doit s'être brouillé avec Trézenik. Ils ne se sont pas vus depuis dix ans pour des raisons « inférieures à tous les deux ». Trouve Rod bête, Goncourt affamé de gloire et de considération, Méténier au-dessous de rien et les idées des autres mort-nées. À promis au Mercure des « Bouquets à Chloris » qui ne sont pas déjetés.

12 février.

La confession d'un homme de lettres. Les étapes : Lamartine, Musset, Victor Hugo, Baudelaire, les jeunes.

14 février.

Rod est encore à faire une distinction entre l'observation extérieure et l'observation intérieure ou intuitivisme.

Comme si, en psychologie, il n'était pas prouvé depuis longtemps que toute observation est intérieure !

Avide de tout connaître, d'être au courant, j'en suis venu à aimer les livres très courts, faciles à lire, d'une impression large, pleine d'éclaircies, afin de pouvoir le jeter le plus tôt possible dans ma bibliothèque et passer à un autre.

Faire un article sur Georges Ohnet, contre le mépris dont on veut l'accabler.

L'abus de la mort dans les livres l'horripilait, et cependant son cœur se serrait à chaque nouveau décès, à chaque nouvel enterrement, à chacune de ces banalités terribles. On se révolte. On dit : « C'est bête ! » Mais, quand c'est « bien fait », on a une grosse envie de pleurer.

15 février.

On entre dans un livre comme dans un wagon, avec des coups d'œil en arrière, des hésitations, l'ennui de changer de lieu et d'idées. Quel sera le voyage ? Quel sera ce livre ?

Mlle Blanche, qui a 30 francs à dépenser par mois, a un jour, et elle est très froissée qu'on n'y aille pas à son jour ! Mais elle le maintient contre toutes les indifférences. Ah ! la peur de vieillir, et la maladresse de s'accrocher à tout, de vouloir être quelque chose dans la vie des autres, et la douleur de sentir que « ça ne prend plus » et que c'est fini, qu'on n'est plus qu'une vieille maussade et inutile, bonne à mourir !

Nouvelle à exécuter prochainement :

Deux jeunes mariés sont à la campagne. Ils s'ennuient. Ils écrivent étourdiment à Mlle Blanche de venir. Son arrivée. Les premiers temps, c'est charmant, puis tout change. La petite vieille tourne à l'aigre. Elle devient assommante. Comment s'en débarrasser ? En effet, dans leur précipitation, ils lui ont écrit qu'elle finirait ses jours avec eux ; que c'est bon de faire le bien ! Elle a donc perdu sa petite clientèle. Ils ne peuvent la renvoyer. D'ailleurs, elle ne s'aperçoit de rien. Elle exaspère par sa franchise. Elle trouve le bébé mal élevé et entreprend de le corriger. Colère du père et de la mère, de celle-ci surtout : « Je ne veux pas qu'elle touche à mon enfant ! » Un jour, ils ont une fausse joie. Elle tombe malade, mais elle guérit. Le jeune homme voit son ménage troublé, le supplice d'une vie qui menace d'être toujours la même et cette petite vieille qui n'en finit plus ! Il décidé froidement sa mort. (Variante : elle prend le parti de se tuer.) La jeune femme ne prend point part au crime mais elle le devine. Faire de ce crime une chose très bien faite et très lugubre.

La jeune femme a peur.

— Qui donc nous soupçonnerait ? dit le jeune homme.

En effet, ils ne sont pas soupçonnés. Ils reprennent tranquillement leur vie heureuse et n'ont aucun remords. Comme la petite vieille est très peureuse, le mari élève une bande de rats dans le plafond. Un jour, il loge une chouette dans sa chambre même. Elle ne part pas.

Elle se croit attachée au couple par sa reconnaissance même.

Faire de cette nouvelle une étude très fouillée et très froidement féroce.

— Votre dernière nouvelle me déplaît.

Il répondit :

— Ce qui me déplaît, à moi, c'est la franchise hors de propos et de mauvais goût.

Ses narines se collèrent comme les feuilles d'un livre qu'on ferme. Elle pâlit à certains points de sa peau parcheminée et fit : « Oi ! Oi ! » comme un enfant qui reçoit brusquement un coup de règle sur les doigts. Les deux jeunes gens la supportent par un reste d'amitié, puis par charité, puis par devoir, jusqu'à ce qu'ils ne puissent plus du tout la sentir. Ils disent d'abord : « Il faut lui pardonner. Elle est si bonne ! » Puis : « Elle nous embête, à la fin ! Ses qualités, où sont-elles ? »

Les petites manières de Mlle Blanche qui se couronne de bleuets, de fleurs des champs comme une jeune fille. On en rit d'abord ; ensuite, on la trouve ridicule.

16 février.
L'ennui de passer près d'un banc où sont assis des gens. C'est qu'en effet l'homme assis sur un banc se sent très fort. Il peut regarder les passants, et rire à son aise, et faire ses réflexions. Il sait que ceux qui passent ne peuvent en faire, surtout ne peuvent s'arrêter, regarder, ni rire à leur tour.

17 février.
Cherchez le ridicule en tout, vous le trouverez.

18 février.
L'enfant, Victor Hugo et bien d'autres l'ont vu ange. C'est féroce et infernal qu'il faut le voir. D'ailleurs la littérature sur l'enfant ne peut être renouvelée que si l'on se place à ce point de vue. Il faut casser l'enfant en sucre que tous les Droz ont donné jusqu'ici à sucer au public. L'enfant est un petit animal nécessaire. Un chat est plus humain. Non l'enfant qui fait des mots, mais celui qui enfonce ses griffes dans tout ce qu'il rencontre de tendre. La préoccupation du parent est continue, de les lui faire rentrer.

Sa chemise remuait doucement, comme agitée par une vermine.

19 février.
Une femme hautaine et majestueuse dans l'exercice de sa vertu.

20 février.
Ce regard quêteur que l'acteur promène circulairement même dans ses préoccupations les plus graves, afin de s'assurer qu'on le regarde et qu'il est reconnu.

21 février.

Il faut avoir l'esprit large, me disait-on hier soir c'est-à-dire, sans doute, se donner des airs de comprendre tout, et d'être universel comme une bonne à tout faire ; pour que les mères qui ont des filles à marier pensent :

« En voilà un qui a reçu une éducation complète ! » Esprit large et conscience large ! Ne dirait-on pas qu'il s'agit de poches profondes où l'on serre avec soin et commodément un tas de petites saletés ?

Ah ! Tant pis pour moi ! La musique m'embête. La peinture, j'en ignore, et une sculpture me ravit autant qu'une figure de cire chez un coiffeur. Encore celle-ci est-elle animée ; elle semble vivre. Elle tourne lentement sur une vis, et elle soulève et abaisse, comme un président de Cour, son faux toupet avec une régularité opiniâtre.

C'est qu'il vous manque un sens, me dira-t-on. La psychologie m'avait déjà dit que je n'en ai que cinq. Un sens de plus, un de moins, qu'importe, pourvu qu'il me reste le bon !

C'est quelquefois la critique d'un critique que nous n'aimons pas qui nous fait aimer le livre critiqué.

Le droit d'un critique est de renier ses articles l'un après l'autre, et son devoir est de n'avoir aucune espèce de conviction.

22 février.

Elle avait une peur ridicule du ridicule.

Insupportable comme un homme qui vous parle du « divin Virgile ». Ah ! elle est bien là tout entière, la tradition ! Honore ton père, et ta mère, et Virgile.

26 février.

Innocent comme la mère de l'enfant qui vient de naître.

27 février.

Mais, enfin, pourquoi donc mépriser un homme qui a de l'égoïsme plutôt qu'un homme qui a du cœur.

1er mars.

Il arrivera, il en est sûr, mais lentement, sans à-coups. Il ira se ranger, à la fin, par mille réputations solides. Ce ne sera pas, sa renommée, un feu de paille, ce sera bien plutôt une longue consomption de bois vert.

2 mars.

M. A… est fanatique de Péladan, « le plus grand génie du siècle », rien que ça. Il a dîné avec lui. Est-ce hier ? Bien en dèche, ce pauvre Péladan ! M. A…, qui a dix neuf ans, peut-être moins, enfin, qui est mineur, s'imagine que la dèche, c'est les trois quarts du génie. Il a inventé une nouvelle instrumentation, mais il n'en parle pas aux poëtes, qui pourraient lui voler son idée. Il n'en parle qu'aux musiciens, qui comprennent et s'exclament, tant c'est bien, eux qui, en général, ne comprennent jamais rien. Il en a touché quelques mots à R…, lequel a paru très étonné sans, bien entendu, vouloir le paraître. Il me tendait l'article Fin de siècle, qui doit passer à la Caravane.

— Voulez-vous le revoir ?

Je ne comprenais pas son insistance, quand je me suis aperçu que l'enveloppe était couverte de timbres. Il avait dû payer neuf sous pour insuffisance d'affranchissement, et, franchement, je ne pouvais pas faire une petite bêtise plus inopportune et plus navrante.

Il disait : « Cela ne fait rien », comme un grand seigneur. Ah ! le monde des Lettres ! Curieux monde, le monde des douleurs ironiques et des misères qui font ricaner.

4 mars

Dubus, très vexé de la chute de Constans. A écrit cent articles dont dix au moins sont bons. Prie Rachilde de fouiller dans ses œuvres pour y trouver des choses. Va hériter prochainement, peut-être jeudi prochain, de 500 000 francs, achètera le Mercure de France, nous rétribuera, ou bien en fera une anthologie où il sera tout seul. Revient au vers avec une césure, au vers classique ! de Racine, veut faire autographier ses poésies, passe d'une idée à l'autre en sautillant, en bavardant et, en vérité, n'a pas le temps de s'occuper de littérature puisqu'il cloue des tapis dans son appartement : six pièces, deux fenêtres à la chambre à coucher, etc.

Quand il voyait une jolie femme au teint animé par une course, embellie par une agitation quelconque, il ne manquait pas de se dire qu'en ce moment même elle devait avoir le derrière suant, et cela l'en dégoûtait tout de suite.

12 mars.

Hier soir, chez les Colas, un dîner compliqué, un mélange de vins forts et de mets échauffants pas sérieux et, à la fin du repas, une discussion sur le socialisme où M. Clément, qui s'était repu pendant deux heures entières, m'a fait l'effet d'un cochon plein donnant des coups de groin à des chiens galeux.

13 mars.
Il est aussi utile à un peuple de craindre la guerre qu'à un individu, la mort.

14 mars.
Lu Le Besoin d'aimer, de Paul Alexis. Des nouvelles lourdes, insignifiantes, une phrase incolore. Laisser ce monsieur bien tranquille. Une manière de voir les choses de gros myope qui, voyant petit, croit voir fin et vrai.

Pierre marche. Il fait une dizaine de pas tout seul tombe sur ses fesses et se met à rire, et court dès qu'il est à portée des genoux de sa maman.

Malgré l'ininterrompue continuité de nos vices, nous trouvons toujours un petit moment pour mépriser les autres.

17 mars.
Je passe un bien vilain moment. Tous les livres me dégoûtent. Je ne fais rien. Je m'aperçois plus que jamais que je ne sers à rien. Je sens que je n'arriverai à rien, et ces lignes que j'écris me paraissent puériles, ridicules, et même, et surtout, absolument inutiles. Comment sortir de là ? J'ai une ressource : l'hypocrisie. Je reste enfermé des heures, et on croit que je travaille. On me plaint peut-être, quelques-uns m'admirent, et je m'ennuie, et je bâille, l'œil plein des reflets jaunes, des reflets de jaunisse de ma bibliothèque. J'ai une femme qui est un fort et doux être plein de vie, un bébé qui illustrerait un concours, et je n'ai aucune espèce de force pour jouir de tout cela.

Je sais bien que cet état d'âme ne durera pas.

Je vais ravoir des espérances, de nouveaux courages, je vais faire des efforts tout neufs. Si encore ces aveux me servaient ! Si plus tard je devenais un grand psychologue, grand comme M. Bourget ! Mais je ne me crois pas en puissance assez de vie. Je mourrai avant l'heure, ou je me rendrai, et je deviendrai un ivrogne de rêverie. Mieux vaudrait casser des pierres, labourer des champs. Je passerai donc ma vie, courte ou longue, à dire : Mieux vaudrait autre chose. Pourquoi ce roulis de notre âme, ce va-et-vient de nos ardeurs ? Nos espérances sont comme les flots de la mer : quand ils se retirent, ils laissent à nu un tas de choses nauséabondes, de coquillages infects et de crabes, de crabes moraux et puants oubliés là, qui se traînent de guingois pour rattraper la mer. Est-ce assez stérile, la vie d'un homme de lettres qui n'arrive pas ! Mon Dieu, je suis intelligent, plus intelligent que bien d'autres. C'est évident, puisque je lis sans m'endormir la Tentation de saint Antoine. Mais, cette intelligence, c'est comme une eau qui coule inutile, inconnue, où l'on n'a pas encore installé un moulin. Oui, c'est ça : moi, je n'ai pas encore trouvé mon moulin. Le trouverai-je jamais ?

18 mars.

« Avez-vous lu Monsieur Vénus ? Avez-vous lu La Terre ? » Et, si oui, c'est des effarouchements, des pudeurs, des reculs de buste. Franchement, je ne vois pas quelle lecture peuvent s'interdire des femmes mariées qui font, ou ont le droit de faire la bête à deux dos toutes les nuits.

Un pédant est un homme qui digère mal intellectuellement.

Ce railleur de Dubus était tout ému, hier, presque pâle, parce qu'on lui apprenait qu'un journal quelconque avait parlé de lui.

On place ses éloges comme on place de l'argent, pour qu'ils nous soient rendus avec les intérêts.

De longues heures, il épluchait Flaubert, cherchait les poux, les taies, et finissait par conclure qu'après tout « ce n'était pas un si grand écrivain que ça ».

21 mars

Dit, hier soir, entre autres bêtises :

— La synthèse du naturalisme n'a pas été faite. Nous sommes à une époque de transition, et nous marchons au mysticisme et au socialisme. La Bruyère n'est pas une littérature, mais pourquoi ? Si le roman avait eu de son temps la vogue qu'il a de nos jours, La Bruyère aurait mis ses Caractères en roman. Quel est l'homme qui viendra recréer un monde ? On comptait sur Rosny. Rosny s'est et nous a trompés. Qui laissera une œuvre ? On relira Madame Bovary, peut-être, et quelque chose de Balzac, mais quoi ?

Du Plessys : La philosophie de Ghil ? Mais Ghil confond Haeckel avec Hegel.

Vallette : Rachilde ne fait pas de pornographie. Ses livres manquent de phosphore. Elle ne fait pas titiller. Mendès ne fait pas titiller.

— Et vous, Rachilde, vous faites du sadisme, de la cruauté en amour.

Du Plessys : Raynaud est un enfant

Marius André : Vous aimez le joli, moi, j'aime le grand. Je suis encore un romantique. Ainsi, Péladan fait grand. J'ai pris deux fois le cordon de sa sonnette sans oser le tirer. J'ai relu dix fois Monsieur de la Nouveauté.

Rachilde : Oh ! Oh !

Vallette : Quand vous serez à la centième, vous nous payerez à dîner.

Rachilde : Samain doit avoir des coins redoutables

Vallette : Je vous connais par deux coins, vous, Renard...

J'avais peur de Barbey d'Aurevilly, à cause de Brummel, de Huysmans avec lequel j'ai passé une soirée en demandant tout le temps : Se moque-t-il de moi ? Mais, je considère François Coppée comme un copain.

N'ayant encore rien observé, il aimait le grand et l'emphatique.

31 mars.

Défiez-vous des sceptiques à outrance : ils sont capables de juger bien sévèrement vos moindres actions.

1er avril.

Un monsieur très bien, propriétaire d'un palmier en Tunisie.

Faire tous les frais de la conversation, c'est encore le meilleur moyen de ne pas s'apercevoir que les autres sont des imbéciles.

4 avril.

Hier, Mlle Blanche a apporté l'œuf de Pâques de madame : un petit sac-panier soigneusement ouvragé, plein jusqu'aux cordons de bonbons Fouquet.

Elle dit une parole et me regarde. Elle a rêvé, durant ces quinze derniers jours, quatre fois de nous, surtout de moi. Une fois, je lui ai dit des sottises. Une autre fois, j'ai été charmant. Elle me demande un livre, le Mercure. Je ne réponds pas, ou je réponds mal. C'est insupportable et pénible. Les gens qui ne veulent pas comprendre se rendent inutilement bien malheureux. Je voudrais lui dire des choses agréables, et des plaisanteries de mauvais goût me viennent aux lèvres, sur son front découvert, par exemple, sur le bouton purulent de sa bouche. Je les ravale avec effort, comme du gras qui ne veut pas passer. Marinette rit. Mme B..., un peu lâchement, d'ailleurs, pour me faire plaisir sans doute, multiplie des mots qui sont à des mots d'esprit ce qu'une cassure de verre est à un diamant. On s'imagine que c'est commode d'avoir de la bonté ! Et, durant toute cette soirée ennuyeuse, Mlle Blanche sourit à contretemps, prête l'oreille – ai-je parlé ? – distille ses phrases d'institutrice très bien élevée sur les maladies de l'estomac, la graisse indigeste, la viande blanche qui est aussi lourde que la viande noire, quoi qu'on en dise, indique des régimes à suivre ; et j'ai beau m'enfoncer dans mon fauteuil, les mains dans mes poches, boutonné, digne et froid comme un riche médiocre auquel un pauvre demande un sou :

je sens les deux yeux quêteurs de la vieille demoiselle errer sur moi, des yeux vaguement suppliants. Je baisse les miens, je les ferme, mais je la vois remuer encore comme au travers d'une couche d'eau. C'est ridicule et navrant. Je m'en veux. Je me traite de sans-cœur et de misérable, mais je n'y peux rien, et je me convaincs une fois de plus que nous ne pardonnons jamais qu'à ceux auxquels nous avons intérêt à pardonner. Et, sur le tableau noir des lâchetés humaines, je marque un point de plus à l'actif de Satan.

9 avril.

Lire Fanny de Feydeau, la seule chose de lui qui soit à lire.

Revu la famille Fort, madame exceptée. Georges me montrera, pour savoir ce que j'en pense, une lettre d'invitation à venir prendre une tasse de thé, une lettre en vers avec une cigale – la dame s'appelle Cigale – dans un coin à gauche. Paul fait du théâtre, mais, là, très sérieusement. Il a une pièce en lecture au théâtre Montparnasse, une pièce tirée de Paul de Kock. Henry de Kock la trouve très bien et l'a invité à déjeuner. Il a déjà été refusé au Conservatoire, mais aussi il avait préparé son examen douze jours avant. (Pourquoi pas douze jours après ?) Il est de l'école de Dupont-Vernon, meilleur professeur qu'acteur. Un homme très bien, ce Dupont-Vernon, décoré des palmes violettes, professeur dans un collège, un homme du monde, enfin. Quant à lui, Georges, il suit « la ligne tracée » par son père, et gagne 1100 francs par an. La petite fille était en crème avec des gants rouge sang de bœuf.

Il y a, dans Fanny, une chose originale : c'est l'admiration de l'amant pour le mari.

À vingt-six ans, on a tellement appétit du neuf et peur de se répéter qu'on ne se sert jamais de ses notes.

Un enfant de vingt ans qui aime une femme de quarante lui dit toujours : « Laissez-moi vous aimer comme un père ! » Le mot est du genre sublime grotesque. Mettez le au théâtre, et la salle éclate de rire.

Ce seront toujours les livres comme Fanny, écrits en onze jours, mais avec passion et sans digressions, sans problème posé, sans descriptions, qui plairont le plus au public. Il les boit d'un trait, comme de grands coups de vin. Il s'ensoleille avec et se f... du reste, et, franchement, le reste est de peu de prix.

11 avril.

Faire un livre intitulé le Nihilisme, et raconter les chapitres de la philosophie moderne d'une manière expérimentale, c'est-à-dire avec des comparaisons tirées de la vie banale. Montrer un esprit qui rentre peu à peu en lui-même, qui se pose les problèmes de la connaissance, avec l'intérêt d'un bourgeois qui fait des affaires, et en arriver peu à peu à la critique de la raison pure de Kant, en mettant de côté sa morale, comme une chose trop voulue et artificielle. En somme, faire un livre qui serait à l'histoire de la pensée moderne ce qu'un roman de Zola est à ses théories naturalistes. Faire l'application de la philosophie.

12 avril.

Qu'importe ce que je fais ! Demandez-moi ce que je pense.

13 avril.

Un métaphysicien humoristique.

Raynaud, parlant d'une femme qui rit bêtement, dit : « La file d'oies de ses sourires. » Délicieux !

Un arbre au tronc mollement ployé semblait vouloir s'agenouiller.

D'après l'Avenir de la Science de Renan, M. M... aurait été un commerçant habile et heureux afin que sa fille riche pût épouser un homme de lettres pauvre, lequel, intelligent, sans doute, mais ordinaire, en somme, possède un fils qu'il dirigera, qu'il formera, poussera, et dont il fera le grand homme de la race.

15 avril.

— Je vais fonder un journal avec Lombard, dit Marius André. Nous avons de l'argent pour deux ans.

— Alors, vous allez bien durer deux mois !

17 avril.

Les deux Dumas ont renversé la théorie de l'économie. C'est le père qui fut le prodigue, et le fils qui fut l'avare.

19 avril.

En somme, je ne serai jamais qu'un croque-notes littéraire.

21 avril.

Quand on commet une indiscrétion, l'on se croit quitte en recommandant à la personne d'être... plus discrète qu'on ne l'a été soi-même.

22 avril.

Les phrases de Villiers de L'Isle-Adam : des hochets d'os où sonneraient des grelots d'or.

28 avril.

J'ai l'air de vivre au jour le jour, « en décousu », et pourtant je suis une ligne de conduite très droite et très précise : donner tout le bonheur matériel possible à ma femme et à mon enfant, me contenter pour ma part du moins possible, et arriver à ceci : que mon nom sonne un peu comme un grelot de cuivre.

29 avril.

Faire une idylle avec l'amour de deux métaux. D'abord on les vit inertes et froids entre les doigts du professeur entremetteur, puis, sous l'action du feu, se mêler, s'imprégner l'un de l'autre et s'identifier en une fusion absolue, telle que n'en réaliseront jamais les plus farouches amours. L'un d'eux cédait déjà, se liquéfiait par le bout, se résolvait en gouttes blanchâtres et crépitantes.

En ce moment, le port de Barfleur est bleu d'eau de Javel, comme si un peuple de blanchisseuses venaient d'y laver leur linge.

Un vent stupide, qui poussait devant lui, avec une dépense de souffle extraordinaire, deux ou trois petits nuages blancs en forme de lapins.

30 avril.

La métempsycose avec amendement : l'âme de Bismarck passant au cœur d'une sensitive.

3 mai.

On voit des hommes qui ont des sourcils blancs, et des poissons qui sont grands comme des hommes. M. le maire me disait à propos du 1er mai : « Monsieur, j'étais sûr du calme. Je connais mon

Paris. » Tous sont donc intelligents, mais, par ma lyre ! ils ont des yeux vilains, des paupières rouges et des affaires blanches au milieu. Cela donne la sensation d'anchois nageant dans de la lie de vin.

J'ai une idée de roman en forme de hérisson, car je n'ose pas y toucher. – Notre petit Fantec est réjouissant à voir. Il a des joues-fesses remarquables et un teint « pièce-de-deux-sous » fort réussi. Toutefois, les crabes à la marche oblique et les homards aux tâtonnements d'aveugles l'épouvantent. Comme on lui avait glissé une petite écrevisse dans la poche de son tablier, il a mis ses mains derrière son dos comme Napoléon après Moscou, et il a attendu ainsi une bonne demi-heure, en proie à je ne sais quelles idées, marchant parfois à reculons, passablement intrigué par ce jouet qui lui remuait sur le ventre. Voilà un moyen de le rendre sage, auquel nous n'avions pas songé.

Je pourrais bien dire que c'est encore en moi que j'ai trouvé la plus grande quantité de ridicules à noter.

5 mai.

« Ma peur en me mariant, dit la jeune femme, et je n'en avais pas d'autre, c'était d'avoir besoin d'aller aux cabinets pendant la bénédiction nuptiale. »

Je parlais hier à Alix de sa vie en Islande, et vaguement de Loti qui y avait pris ses plus beaux livres.

— C'est comme moi, dit Alix. Quand j'ai fait ma campagne d'Islande, j'écrivais sur un morceau de papier les manœuvres qu'on nous faisait faire, les affaires que je voyais. C'était rudement bien, allez ! On m'a volé mon bout de papier. Je le regrette bien.

8 mai.

Je m'applique à faire par jour trois pages de mon roman. Cela m'est agréable à peu près comme un pensum.

Il jouait du piano d'une façon remarquable avec un seul doigt.

10 mai.

Il souffle bien, dit Alix en parlant d'un bon vieux qui chante.

11 mai.

Ce que je recherche avant tout dans un roman, ce sont des curiosités de phrase. C'est dire que les romans étrangers, même russes, même de Tolstoï, me sont insupportables.

Lu Âme d'enfant. Inutile et bêta, ce livre.

14 mai

« Un jour, dit-il, je suis resté huit jours sans manger »

15 mai

On voit ici des vieux marins qui ont une veste courte et un chapeau haut de forme.

21 mai.

La coquetterie du marin est de porter autour du cou un lourd cache-nez de laine, et, cela, même aux plus beaux jours.

26 mai.

Je dis à Alix que les pièces qu'on joue sur les planches d'un théâtre sont écrites par des hommes de lettres

— Il faut qu'ils écrivent rudement vite, dit-il.

Pour « se relever », le marin dit « se remâter ».

Une figure franche ouverte à deux battants.

27 mai.

Ce qui manque peut-être aux Goncourt, c'est l'art de faire ressortir leurs mots, leurs curiosités de langage, de les mettre en vitrine afin que le badaud s'attarde. On ne s'aperçoit qu'ils ont de l'esprit – et du plus rare –, qu'à la deuxième ou troisième lecture. Mais un honnête homme ne lit pas deux fois la même chose.

28 mai

Un rire triste comme un clown en habit noir.

Croire humain ce qui ne nous est que particulier, voilà la grande erreur.

30 mai.

Une Vierge en cire sous un globe, avec une pomme dorée sur la tête, immobile comme si elle attendait Guillaume Tell.

Le silence était si absolu que je me croyais sourd.

Donner comme épigraphe aux Cloportes cette phrase de Flaubert.- Journal des Goncourt, 1er volume, page 367 : « Je n'ai eu que l'idée de rendre un ton, cette couleur de moisissure de l'existence des cloportes. »

Le réalisme ! Le réalisme ! Donnez-moi une belle réalité : je travaillerai d'après elle.

2 juin.

J'ai bâti de si beaux châteaux que les ruines m'en suffiraient.

3 juin.

Le Curé de village, de Balzac, un livre où une femme criminelle se réhabilite par l'agriculture !

4 juin.

Relu Le Curé de village. La mort de Mme Graslin est une très belle chose. Toutefois, je pense que ce genre de roman est mort, du moins pour les hommes d'un grand talent. C'est du trompe-l'œil. Cela produit une grosse sensation, mais l'effet ne dure pas, et on sourit un peu. Je veux dire que Balzac n'est alors qu'un Montépin de talent, de génie si on préfère, et je crois que les écrivains vraiment doués ne pourront plus écrire de ces livres-là, sérieusement.

6 juin.

Un salon embêtant, triste à la mort, où les bougies semblent des cierges.

7 juin

Peut-être qu'un jour on verra la mer sillonnée de routes et les pauvres pêcheurs d'ici, devenus bourgeois et presque amateurs, pêcher en veston de molleton bleu, en pantoufles, et au gaz !

Une tempête de calme.

Dans ses Paysans, Balzac fait le paysan bavard : je crois, au contraire, qu'il ne l'est pas du tout.

Balzac a trop de génie : il en donne à ses paysans.

13 juin.

Quand je fais une plaisanterie, je regarde la bonne du coin de l'œil, pour voir si elle rit.

18 juin.

Un homme qui pêche à la ligne dans la mer.

Le regret de n'être pas l'ami intime d'un écrivain qu'on aime nous en fait dire du mal.

21 juin.

Un peintre, c'est un homme qui porte un béret.

Si vous avez envie de rire, vous me trouverez spirituel.

Le bateau s'avance derrière ses voiles comme un guerrier antique derrière son bouclier.

De l'étrange avec du simple.

Certaines phrases intenses de Villiers de L'Isle-Adam me font comme un coup de fusil tiré dans la tête.

C'est surtout au théâtre que chacun est responsable de ses actes.

23 juin.

La nuit d'orgie dans une pension : il ne reste plus qu'une odeur, une odeur bizarre d'œufs de Pâques écrasés.

L'ange du mal, perché sur les rideaux du maître d'étude, chante victoire et, d'une voix fêlée, s'écrie : « Je tiens ces âmes ! – Mais non ! Tu ne tiens rien du tout ! » dit l'ange du bien, tranquille, assis au chevet d'un amant et sur une table de nuit. « Mais non. Comme dans les contes de la mère l'Oye et les poésies de Charles Baudelaire, pour ma part, je n'y vois aucun mal. Cela les calme, les chers petits, et cela ne tire pas à conséquence. »

L'ange du mal pleurant de dépit dans un vase…

— Moi, je dors, mes amis, je dors. Allez !

Aussitôt ils vont, c'est-à-dire ils s'aiment.

Le premier frottement d'une peau de femme enlèvera ce vice comme un papier de verre efface une moisissure.

25 juin.

Cette nuit, on entendait les trompes des brêmiers rentrant au port gémir et jeter leurs rauques avertissements dans la brume. On aurait dit le cor d'Hernani, ou plutôt des taureaux apocalyptiques beuglant la fin du monde.

27 juin.

Ah ! notre vanité ! Je lis, dans Le Roquet, mon article, l'Art pour l'argent, émasculé de belle manière. Il m'a semblé toute la matinée qu'on me donnait des coups de canif en pleine chair.

Le bafouillage hautain de Barbey d'Aurevilly.

28 juin.

À Vallette et Rachilde.

« Un cœur de femme, de Bourget, c'est écrit comme un pensum avec une plume à trois becs. Je suis arrivé à la cent cinquantième page de mon Écornifleur, et je ne trouve plus rien à dire, mais, là, rien du tout, comme si mes personnages étaient morts. Vous faites de la psychologie de toilette, dans vos Furia- Mode. Oui, on dirait, positivement, que vous faites des tours de psychologie dans un chapeau gondole. »

On a vingt ans depuis quinze jusqu'à trente ans.

1er juillet.

Le véritable auteur d'un livre est celui qui le fait publier.

7 juillet.

Une note est pour moi quelque chose de si mort que je ne peux jamais m'en servir.

8 juillet.

Mme Alix sort avec un parapluie qu'elle n'a pas encore « mis ».

18 juillet.

Trézenik, qui ne mangerait pas en chemin de fer par fausse honte, se promène avec une ombrelle blanche au milieu des marins qui ricanent. Il dit : « Ce ne serait pas la peine d'être un homme de lettres indépendant si je ne pouvais pas porter une ombrelle sans m'occuper du qu'en-dira-t-on. »

Ainsi, audace en deçà, lâcheté au-delà.

Une plante exotique s'ouvrait comme un éventail de rasoirs.

20 juillet.

Deux jeunes gens très Paul et Virginisés.

1er août.

Un style blanc.

12 août.

Peut-être Mérimée est-il l'écrivain qui restera le plus longtemps. En effet, il se sert moins que tout autre de l'image, cette cause de vieillesse du style. La postérité appartiendra aux écrivains secs, aux constipés.

19 août.

Trézenik tient beaucoup à faire ressortir que, si Le Roquet prend ce que je lui envoie, c'est parce que cela n'est pas payé.

Ça sent tout de même un peu trop la parfumerie, les œuvres de

Bourget.

27 août.

Ça m'étonnerait, me dit amicalement Trézenik, que Jullien n'insère pas votre article. Il n'a pas, en ce moment, de copie sous la main.

3 septembre.

Vallette définissait Flaubert : la perfection du talent, mais du talent seulement.

C'est étonnant comme, entre littérateurs, on peut s'aimer tout en se débinant !

Il est tombé sur moi à coups de compliments.

4 septembre.

La porcelaine cassée dure plus que la porcelaine intacte.

5 septembre.

Le jour très prochain où les cerfs-volants serviront a la photographie.

9 septembre.

Vu, chez Vallette, Jean Lombard. Brun, un front étroit et un aspect un peu défraîchi, l'air d'un petit charpentier que j'ai connu. Écrit pour son plaisir. À mis un an et demi à faire Byzance.

Léon Riotor, l'homme qui connaît tout le monde.

— Vous voulez une marque d'éditeur ? Pourquoi ne prenez-vous pas Lemerre ?

— Je ne le connais pas.

— Venez, je vous présenterai.

Il me donne des conseils, parle tout le temps et, devant ma froideur, cherche à m'expliquer comment il m'emmène chez Lemerre. Il a déjeuné avec Paul Arène ce matin même, et garde son chapeau sur sa tête en parlant à Émile : c'est, je crois, le premier commis de Lemerre, un homme influent dont il me conciliera les bonnes grâces. Il reconnaît Dreyfus (Camille) et son secrétaire qui passent en voiture. Il fait de la littérature depuis dix ans et vit de journalisme.

M'a vu quelque part, et, comme nous faisons la revue des endroits où il aurait pu me rencontrer :

— Ça doit être dans la rue, dit-il.

12 septembre.

Hier soir, longuement causé avec Vallette. Babylas, c'est lui, l'homme auquel il n'arrive rien, l'homme triste, navré, qui le sera toujours, dont la vie, quoique finie, se continue pourtant, il ne sait pourquoi.

Il a plusieurs idées de romans : la fille de l'officier supérieur, l'homme qui a épousé une femme froide. C'est le roman gris, le roman des petits, pour lesquels il a une grande pitié.

Il n'ose pas regarder en lui : il se fait peur. Il vient de me raconter le thème des Aveugles, et, encore tout tremblant du frisson de la petite mort, nous parlons de la vie, de son imbécillité. Il me dit :

— Nous nous sommes faits, nous autres, et, vous, vous êtes encore ce que vous êtes né.

Ma phrase de demain : le sujet, le verbe et l'attribut.

24 septembre.

Nous ne connaissons pas l'Au-delà parce que cette ignorance est la condition sine qua non de notre vie à nous. De même la glace ne peut connaître le feu qu'à la condition de fondre, de s'évanouir.

9 octobre.

Riotor nous racontait hier que le journal le Temps nomme, pour une année, une famille : père, mère et fille, pour recevoir les feuilletons. Elle fait un rapport détaillé, d'après lequel le Temps refuse ou accepte le roman présenté.

Le vers de José-Maria de Heredia, de Leconte de Lisle. On dirait un cheval de labour qui marche.

13 octobre.

Vu ce matin M. Ledrain. Type de vieux savant, aux cheveux rares, à la peau racornie, aux ongles noirs, au parler moelleux.

Des lunettes, un chien, un petit judas. À beaucoup connu M. Delaville. Connaît aussi Rachilde, avec laquelle il a failli avoir une histoire. À beaucoup parlé d'Anatole France, un timide, qu'il a supplanté chez Lemerre comme lecteur. En somme, bonne apparence ; mais qu'est-ce qu'il y a derrière ?

Vu Lemerre fils. Type de fils de commerçant aux joues et à la suffisance pleines.

19 octobre.

J'attends ce soir Émile Bergerat. Mettre d'un côté l'idée que je m'en fais et, de l'autre, l'impression qu'il me produira.

Vu Bergerat. O gloire ! Un gros homme coiffé d'un chapeau mou, vêtu d'un jersey bien inélégant, tout gris, des yeux de fouine, un nez idem, et des bottines, et ces élastiques de bottines ! Nous sommes allés prendre des bocks. Nous étions une dizaine, tous éblouis de le voir en homme naturel. Il nous prenait par le bras, nous disait : mon vieux, mes enfants, si vous étiez malins, vous feriez ça. Il dit de mon escalier : voilà l'escalier où je vais mourir. Je lui demande :

Vous avez fait un Gautier bien intéressant, dans vos Entretiens ?

— Oh ! oui, mais j'ai ajouté beaucoup, vous savez.

— Et le Gautier des Goncourt, comment le trouvez-vous ?

— C'est pas ça. Gautier disait merde, mais en gentilhomme. Ma vie a été bizarre. Dès mes débuts, j'ai dû accrocher quelque chose, frotter une borne qui m'a fait dévier.

Je n'ai pas eu un succès de cinquante mille francs, comme tout le monde peut en avoir. J'ai des charges, de la famille. J'aimerais mieux crever, disparaître.

Il trouve ineptes les chroniques de Fouquier.

— On se débine, dans les lettres, mais on se soutient. J'ai fait entrer au Figaro Jules Case, Séverine, qui n'a pas pu y rester, tant d'autres ! J'ai connu Flaubert, qui est venu me demander des choses sur le duc d'Angoulême. J'ai connu Hugo. Il aimait beaucoup ma voix, surtout quand il est devenu sourd (sic). C'était un timide. Quand il prenait ses grands airs, c'est qu'il avait peur. Il m'aimait encore parce que je lui faisais des calembours et, à table, me plaçait à côté de lui, de préférence à une femme. Houssaye lui faisait baiser des filles incognito. Deux ans avant sa mort, il était amoureux d'une charcutière, il lui suçait le bout des doigts dévotement.

— Il parle gras, dit ce cochon de Guérin.

Dix ans de suite, à L'Officiel, il a fait les Beaux-Arts pour se former le style. Il se vante d'avoir « fait » Antoine. Il trouve que je . ressemble à Rochefort. Je lui dis :

— Êtes-vous pressé ! Restez donc quelques minutes. Nous parlerions littérature.

— Ah ! non, dit-il. J'aime mieux aller me promener, prendre l'air. Venez avec moi, si vous voulez.

29 octobre.

Ajalbert, un garçon d'apparence douce, raconte avec bonne

humeur des histoires sur Léonide Leblanc et me complimente « sur mon talent de chroniqueur ».

Chez Léonide Leblanc, Gilbert s'amusait à tuer des feuilles à coups de revolver, des feuilles et des chapeaux hauts de forme. Or, un jour, dans un de ceux-ci se trouvait un crâne si pointu qu'il touchait presque le fond, et la balle lui grilla les cheveux.

4 novembre.
Sixtine, par R. de Gourmont : un délayage bien fait. C'est plein de belles choses grises, de gens qui raisonnent et ne vivent pas. Les noms mêmes sont distingués, prétentieux. Du Barrès, avec moins d'esprit. Et puis, aussi, des souvenirs de procédés latins qui l'obligent à faire toujours suivre un mot d'une épithète quelconque. Il donne une énorme importance au cogito de Descartes, et oublie que c'est une banalité ou simplement, peut-être, un jeu de mots. C'est d'un joli pathos. Je vous dis que nous revenons à Mlle de Scudéry. Un livre tout entier dominé par l'idée kantienne. C'est un livre superbe pour le cas qu'il fait de Villiers de L'Isle-Adam.

5 novembre.
Ça finit, Sixtine, par la mort d'un parapluie.

9 novembre.
Il paraît que Maurice du Plessys m'appelle un Gustave Droz n°2.

29 novembre.
Barrès a rencontré la meilleure manière d'être neuf : c'est de compliquer l'expression des choses anciennes.
Il ne faudrait pourtant pas laisser passer, sans faire un chef-d'œuvre, le temps où l'on croit à la littérature : il est court.

3o novembre.
La psychologie. Quand on se sert de ce mot-là, on a l'air de siffler des chiens.

1er décembre.
On a la sensation, en lisant Sixtine, de tremper le bout de ses doigts dans du velours où il y aurait des épingles. Le velours, il s'étale. Les épingles, elles piquent.

2 décembre.

Profession d'une foule de jeunes gens : ils sont en train de « faire quelque chose pour le Théâtre Libre ».

Tableautin. Le cochon, et le porcher qui lui donne des coups de sabot dans son derrière rose de jeune fille. Mais ce que ça lui est égal ! Ses oreilles roses en remuent à peine.

3 décembre.

Provoquer une tempête en collant des cantharides au tronc des arbres.

5 décembre

M. Julien Leclercq est venu me demander d'être son témoin contre M. R. Darzens. Il veut en finir. Il demande un duel féroce, quinze mètres, puis vingt, puis vingt-cinq, à trois balles, puis à deux, au visé, puis comme on voudra.

— Romanesque, non, mais il a aimé toute sa vie. Son futur beau-père exige qu'il lui apporte un certificat de médecin constatant qu'il n'est pas pédéraste.

10 décembre.

Dès qu'une femme me montre ses dents, si belles qu'elles soient, je vois déjà sa tête en tête de mort.

10 décembre.

Vu, ce matin Alphonse Daudet. Bonnetain était là. Daudet s'est levé, m'a regardé à la lumière et m'a dit : « Je reconnais Poil de Carotte. » Une belle tête, bien telle qu'on la voit aux vitrines, la barbe salée un peu. Un méridional très adouci, vieux, déjà estropié, marchant à l'aide d'une canne terminée par un bout en caoutchouc. Il me fait de grands compliments. Je ne sais de quelle manière lui répondre. Faut-il dire « Monsieur » ou « cher Maître » ? Il nous parle un peu de tout, sans esprit, mais largement, sainement. Il dit que les protestations de Renan ont fait mal à l'estomac de Goncourt. Il nous parle de Brinn'Gaubast qui a été professeur de Lucien, son fils, et de la vilaine histoire du manuscrit, volé, des Lettres de mon Moulin Daudet disait à Brinn'Gaubast : « Vous, vous feriez le coup de La lutte pour la vie : vous assassineriez pour trois francs. »

Il dit :

— La première, l'unique fois que je voulus jouer du biniou, c'était devant mes cousines, et je fis un gros pet ; oui, en voulant enfler ma pauvre joue, je fis un énorme pet.

C'est à cette piteuse aventure que me font penser les jeunes littérateurs d'aujourd'hui.

14 décembre.

La patrie serait bien forte si on était soldat à douze ans ; à vingt ans, c'est déjà trop tard.

15 décembre.

Sur les jets d'eau, la nuit, grandissent les ours blancs.

20 décembre.

Le théâtre est très bon parce qu'on ne peut pas s'y servir de phrases dites « psychologiques » pour préparer des états d'âme.

27 décembre.

Etre prodigue, ce n'est pas si commode. Ceux qui recherchent ce défaut ne l'ont jamais.

31 décembre.

Le duel Leclercq-Darzens, Duel-vaccin sur la route. De braves gens, bras croisés, nous regardaient.

— Messieurs, disait Ajalbert, je suis très nerveux, je suis très nerveux. Allez, messieurs, dit-il encore, et faites en gens d'honneur.

Darzens ricanait. Leclercq souriait et tirait un peu au hasard, tandis que son adversaire se servait de son épée comme d'une aiguille, visait la main et avait l'air d'un monsieur qui veut piquer une guêpe sur une feuille de vigne.

— En pensant, me dit Leclercq, que toute cette sale affaire aboutissait à cette piqûre, et que je devais me considérer comme suffisamment vengé des injures de cet homme, j'avais une grande envie de pleurer. Vous êtes furieux, vous, Renard.

Je l'étais, en effet, et, sans vantardise, c'eût été une joie pour moi de m'aligner à mon tour.

— Mais nous sommes des seconds, me dit Paul Gauguin. Pourquoi ne nous battons-nous pas ?

Lui aussi était furieux.

Ainsi, voilà deux hommes qui se sont donné des coups de poing, américains, paraît-il, du côté de Darzens. Ils ont failli s'assommer. Ils se sont vraiment battus, et le point d'honneur – l'honneur qu'il faut satisfaire comme un besoin, les obligeait d'aller ridiculement poser sur la route en face de braves gens gouailleurs, à peine intéressés ! C'est grotesque, et dire que je suis tout prêt a être grotesque comme ça !

Le duel est un prétexte à avocasseries, à phrases creuses, à sentences de mirliton. C'est aussi une occasion de boire beaucoup et de ne pas déjeuner. C'est un motif pour faire sortir de leur indifférence quantité d'amis glabres, qui viennent voir le combat comme des hyènes. Ils emporteront chacun un morceau du ridicule qui s'étale en plein air, et le collent en étiquette au nom de leur ami.

J'avais fait un paquet, composé de mes deux épées d'une couverture et d'un parapluie, si bien réussi que j'aurais été très ennuyé s'il m'avait fallu le défaire.

1891

5 janvier.

Vu, ce matin, Daudet. Il dit de Vignier : « Il porte la mort de Robert Caze en bandoulière », de Zola, qu'il travaille tant qu'il en est tout noir.

Goncourt, parait-il, a lu Sourires pincés et va m'écrire...

Il est plein d'une grande pitié pour les pauvres honnêtes, pour les femmes qui savent résister aux besoins de l'entre-cuisses. Il s'est battu deux fois en duel, l'une, au pistolet, l'autre, à l'épée, avec Delpit qu'il a blessé au ventre et au bras. Au duel Drumont-Meyer, après que Drumont fut blessé, Daudet quittait sa veste et demandait à se battre à son tour...

Mme Daudet : une femme bien plus artiste que moi, la femme d'art par excellence.

Il a peur que ses enfants héritent de sa maladie, et sa pièce L'Obstacle lui a été particulièrement douloureuse à faire. Il a dit :

— Je voudrais mourir de pitié comme je ne sais plus quel roi ancien, auquel on avait amené des captifs si misérables qu'il en est tout de suite tombé malade.

10 janvier.

Quelque intégrité que nous ayons, on peut toujours nous classer dans une catégorie de voleurs.

12 janvier.

À la salle d'armes : il dégèle sur les torses.

13 janvier.

À tes cils pendent comme des gouttes de sommeil.

19 janvier.

Hier soir, onze heures 1/2, on sonne. C'était M. Marcel Schwob, qui me demande, à travers la porte, « un conte pour L'Écho de Paris ». Dans l'éclairage de deux bougies, je vois une figure ronde, une tête déjà chauve. Nous cherchons en vain dans mes papiers.

Schwob voulait m'emmener tout de suite à l'Écho de Paris, comme j'étais, nu-pieds, en chemise de nuit.

J'ai raté une belle occasion, quoi !

3 février.

Hier soir, dîner des Symbolistes. Toasts multiples, préparés, improvisés, lus, bredouillés. Mot de Barrès : « Nous avons tous au fond du cœur le pétard antisymboliste. » Je trouve Barrès gélatineux. La barbiche de Félix Fénéon.

Il y avait un monsieur rigidement plastronné, avec une grosse chose blanche à la boutonnière. On eût dit le garçon d'honneur du symbolisme. On lui demandait : « Pourquoi êtes-vous là ? » Il répondait : « Je viens de me faire retoquer à mon bachot. En sortant de la Faculté, j'ai vu qu'on donnait un banquet d'hommes de lettres. Je me suis payé ça. » Une chose le surprenait. « Comment ! Il est onze heures, et vous avez encore le temps de faire passer des articles dans les journaux ! »

Mendès, c'est la pédérastie dans le geste. Mirbeau, un type d'adjudant d'artillerie. Marie Krysinska, une bouche à mettre le pied dedans.

Raynaud n'était pas content du dîner, et disait : « On n'a pas seulement eu le temps de se saouler un petit peu. »

Vanor. Ce garçon-là donne des poignées de main avec un talent !... Il est de première force dans les saluts de tête et les sourires sympathiques.

Moréas. Ses cheveux lui tombent dans les moustaches.

Jean Carrère. Un Lamartine méridional. Il croit à l'idéal, à l'infini, à Job, à un tas de pauvres choses et, pour faire la preuve, récite de ses vers. En outre, il voudrait bien être pris pour un barbare, et croit qu'à l'apparition de son volume de vers, tout le monde va lui tomber dessus. Louis Denise, d'ailleurs, l'a bien prévenu.

Léon Lacour, déjà gris, déjà chauve, et toujours tout petit Ah ! ceux qui prennent la littérature pour une nourrice se portent mal.

Tous ces gens-là disent : « Je suis un révolté, moi », avec un petit air de vieillard qui vient de faire pipi sans trop souffrir.

4 février.

Oui ! Je leur parlais, aux étoiles, en un langage choisi, peut-être en vers, et, les bras croisés, j'attendais leur réponse.

Mais ce furent des chiens en cercle, de maigres chiens, qui me répondirent en hurlements monotones.

13 février.
Une nouvelle presque très bien, quelque chose comme un sous-chef-d'œuvre.
Ah ! la vie littéraire ! Je suis allé ce soir chez Lemerre. Je n'y vais pas souvent, par timidité. Aucun Sourires pincés n'était en montre. Tout de suite, il m'est venu cette idée d'imbécile que les 1000 exemplaires étaient peut-être épuisés. Quand je suis entré, le cœur me battait un peu.
Lemerre ne m'a même pas reconnu.

16 février.
Marcel Schwob n'a pas vingt-quatre ans. Il en porte joie. Il a été refusé à l'École Normale par de La Coulonche, pour le discours français, naturellement. Il a été reçu le premier à la licence, avant les normaliens qui s'étaient présentés à Normale en même temps que lui. Il n'a jamais écrit une ligne qui ne fût payée, et il est entré à L'Événement en écrivant, de province, à Magnier, pour lui offrir de faire des chroniques. Il a le mépris des cheveux et se fait presque raser la tête. C'est un journaliste du genre savant et de l'espèce rare, un travailleur qui veut des choses, croit à des choses, méprise des choses ; un indéchiffré encore pour moi.

18 février.
Prochain volume : les Cloportes et l'Écornifleur réunis. Premier chapitre : les Lérin, deuxième chapitre : les Vernet.
Le style de Huysmans, c'est comme une brosse dure, et ça gratte, et il y a des crins très gros, très grossiers.

21 février.
Mettre entre les Lérin et les Vernet quelques fantaisies intitulées : Entr'acte.

23 février.
George Sand, la vache bretonne de la littérature.
Nous passons par des états de corps étranges, comme si la mort nous faisait des signes de tête amicaux.

24 février.
Une signature tremblée qui a peur de dire son nom.

25 février.

Ce matin, bonne conversation d'une heure et demie avec Alphonse Daudet. Il souffrait moins, marchait des pas presque naturels, était gai. Goncourt lui a dit : « Dites à Sourires pincés que je ne l'oublie pas, que je lui écrirai quand j'en aurai fini avec la Fille Élisa. » Goncourt n'est pas au-dessus des petites misères de la vie littéraire. Un article méchant de Bonnières au Figaro l'a profondément froissé. Il en reste nerveux longtemps. Cela devrait pourtant le faire sourire, car il est dit dans cet article que, tout ce qu'il peut y avoir de bon, c'est Ajalbert qui l'y a mis !

— Connaissiez-vous Victor Hugo ?

— Oui, j'ai dîné souvent avec lui. Il me prenait pour un rieur. Je buvais presque autant que lui mais j'ai toujours refusé de lui donner mes livres. Je lui disais : « Vous ne les lirez pas, cher maître, et vous me ferez écrire par une des femmes qui vous font la cour. » Je me suis entêté à garder ce rôle, et Victor Hugo est mort sans me connaître.

Mme Daudet était une toute petite fille à la table d'Hugo. Elle n'osait rien dire, par crainte sans doute d'être confondue avec les pimbêches qui entouraient le maître. Au fond, cette timidité, c'était de l'orgueil. Je vais tous les dimanches chez Goncourt. Cela me coûte, mais j'y vais. Il est tellement seul, si peu entouré ! C'est moi qui ai fondé son Grenier.

« Avec l'instantané on ne fait que du faux. Photographiez un homme dans sa chute : vous en obtenez un moment, mais rien qui ressemble à une chute.

« J'ai pris l'habitude d'écrire tout ce qui me passe par la tête. Une pensée, je la note au vol, qu'elle soit malsaine ou criminelle. Il est évident que ces notes ne donneraient pas toujours l'homme que je suis. Nous sommes irresponsables des bizarreries de notre cervelle. Nous ne pouvons que chasser l'immoral et l'illogique, mais non l'empêcher de venir.

« Un jour, j'avais écrit que nos premières impressions sont les seules ineffaçables. Le reste n'est qu'une répétition, un effet de l'habitude. Le lendemain, j'ai trouvé cette page rayée à coups d'ongles : Mme Daudet l'avait lue indiscrètement, et elle s'était fait ce petit raisonnement en apparence très simple : « Il a dit : « Je t'aime » à d'autres femmes que moi. Je suis venue après elles. Quel est donc le degré de sincérité de ses paroles d'amour ? »

« La vie, c'est une boîte d'instruments qui piquent et coupent. À toute heure nous nous ensanglantons les mains.

« Je me suis marié jeune, avec 40 000 francs de dettes, par amour et par raison, par crainte de la noce et du collage. Ma femme avait une centaine de mille francs. Nous avons d'abord payé mes dettes, puis nous en sommes arrivés à mettre « au clou » les diamants de Mme Daudet. Elle tenait ses comptes en bonne ménagère, mais le mot de mont-de-piété lui faisait peur, elle inscrivait sur son livre : Là-bas.

« Un jour Glatigny arrive. « Je viens partager ton déjeuner », me dit-il. Je lui réponds : « Je suis très heureux que tu arrives trop tard, parce que je n'avais qu'un petit pain d'un sou, et ma foi ! j'en avais juste assez. » Glatigny m'a entraîné chez Banville, auquel nous avons emprunté quarante sous.

« Banville, un homme que je ne connais pas encore. Il n'écoute pas, n'éprouve aucun plaisir à « feuilleter un esprit », et, comme les acheteurs, n'attend de votre phrase que le mot qui doit provoquer sa réponse. C'est un homme plein d'anecdotes qu'il raconte fort bien, qui sont la plus belle part de son talent, mais que je n'ai pas de plaisir à voir. Et nous nous connaissons depuis 1856 !

« Ne vous occupez donc pas de votre famille ! On n'arrive jamais à la satisfaire. Mon père entendait une pièce de moi. Un monsieur qui se trouvait près de lui avant dit : « C'est embêtant ! » mon brave père a tout de suite pris cet avis pour décisif, et le succès de la pièce, les articles de journaux, rien n'a pu modifier cette opinion qu'il devait à quelque imbécile.

Une autre fois, mon fils avait passé une soirée avec quelques-uns de mes ennemis, qui ne s'étaient pas gênés pour me débiner. Il m'a fait une tête !… Je l'ai écrite, sa tête, dans mes notes, et, un jour, le pauvre garçon saura ce que j'ai pensé de lui ce soir-là. Ce cahier est pour lui, et je ne veux pas qu'on le publie jamais. Il le lira après ma mort.

« Mon fils Léon est un esprit de premier ordre. Il a écrit des choses très bien qu'il a le courage de ne pas publier. Est-ce beau !

« Vous arriverez, Renard. J'en suis sûr, et vous gagnerez de l'argent, mais il faut tout de même, pour cela, que vous vous donniez de temps en temps quelques coups de pied au cul…

« Les Symbolistes, quelles gens absurdes et pauvres ! Ne m'en parlez pas ! Il n'y a rien d'abscons. Tout homme qui a du talent arrive, et je crois fanatiquement que chaque peine a son salaire. Venez donc le jeudi. Vous trouverez des gens froids, et d'autres qui, comme Rosny au puissant cerveau de savant, vous étourdissent de leurs paroles. »

J'ai serré vivement la main de Daudet et en lui disant : « Cher Maître, me voilà remonté pour longtemps. »

Un mari voit un monsieur qui serre de près sa femme.

Le mari : – Dis-lui donc de finir !

La femme : – Ah ! dis-lui, toi. Moi, je ne le connais pas, ce monsieur.

1er mars.

Vu Gustave Geffroy. Un timide noir. Ajalbert lui a, à lui aussi, parlé de ma férocité ; il me fera une réputation que j'aurai de la peine à défaire. Geffroy est, en instantané, un charmant garçon, mais on ne lit pas grand-chose sur sa figure. Il l'a trop petite, et il a trop de barbe. Comme tous les journalistes il se plaint du journalisme. À sa place à La Justiceet y reste. N'a pas réussi au Gil-Blas.

3 mars.

Nettoyer les écuries d'Augias avec un cure-dent.

5 mars.

Hier, chez Daudet, Goncourt, Rosny, Carrière, Geffroy, M. et Mme Toudouze, M. et Mme Rodenbach. Pourquoi suis-je sorti de là écœuré ? Je m'imaginais sans doute que Goncourt n'était pas un homme. Faut-il retrouver chez les vieux les petitesses des jeunes ? A-t-on assez arrangé le pauvre Zola, jusqu'à l'accuser de tourner au symbolisme ! Et Banville, « ce vieux chameau », comme l'appelle Daudet, qui dit encore, mais cette fois avec esprit : « Si j'avais fait l'arbre généalogique de Zola, on m'aurait trouvé un jour pendu à l'une de ses branches !… »

Goncourt, un gros militaire en retraite. Je n'ai pas vu son esprit : ce sera pour une autre fois. Jusqu'à la seconde impression, c'est l'homme des répétitions que je trouve si insupportables dans l'œuvre des Goncourt.

Rosny, un bavard savant, éprouve un vif plaisir à citer du Chateaubriand, spécialement les Mémoires d'outre-tombe.

Carrière, un monsieur qui serre la main des autres le plus près possible de la cuisse.

Rodenbach, un poëte qui trouve que nous manquons de naïveté, qui a pris au sérieux l'article de Raynaud sur Moréas, et qui ne se reconnaît plus dans les ironies de Barrès. On lui a demandé des vers. Il a fait le difficile. On a insisté. Il a eu l'air d'en chercher ; on l'a oublié. On a parlé d'autre chose et il n'a pas dit ses vers… .

Mauvaise, cette journée d'hier. À l'Écho de Paris on a trouvé trop fine ma nouvelle le Navet sculpté, et moi je n'ai pas trouvé nos grands hommes assez fins. Elle ne passera pas.

Il y a aussi un petit album offert par Mme Dardoize à Lucien, le plus jeune des fils Daudet : tous les invités sont priés d'essuyer leur plume en entrant. J'ai mis, moi :

« Le rayon de soleil vint se jouer sur le parquet. L'enfant le vit et se baissa pour le prendre. Ses ongles se cassèrent. Il cria douloureusement : « Je veux le rayon de soleil ! » et se mit à pleurer, rageur, en frappant du pied.

« Alors, le rayon de soleil s'en alla. »

Qu'est-ce que cela peut bien vouloir dire ?

Mme Dardoize. On ne trouve plus l'amour de la jeunesse et de la vie que chez les très vieilles femmes…

Rodenbach raconte que Charles Morice s'est présenté à Ferrari, directeur de La Revue bleue, et lui a dit : « Monsieur, j'ai beaucoup de choses à dire. Il y a beaucoup de choses à dire en ce moment. » Puis, tirant de sa redingote profonde un petit papier : « 1°. Le symbolisme. 2°. Racine, mon cher Racine (ici, un temps). 3°. La nature et le symbole. 4°. Le symbole et la nature. Ce n'est pas la même chose. Il y aurait comme cela trente-six articles. »

Daudet dit :

— Les écoles, c'est spécial à la France. J'aurais eu beaucoup plus de succès si j'avais voulu monter une boutique en face de la boutique à Zola. Mais nous nous sommes laissé associer avec lui, par indifférence, et aujourd'hui toute la presse est pour Zola. Il n'y a de gloire que pour lui.

Il parle du roman de Banville Rable. Ce sont des cris contre ce monsieur qui veut faire du roman sans documents. Goncourt dit :

— Quant à moi, je n'ai pas encore pu entrer dans cette pâte compacte…

Rodenbach dit :

— Anatole France, parce que sa génération n'a pas voulu de lui, s'est tourné vers les jeunes et leur a dit : « Vous savez, je suis des vôtres. »

7 mars.

Qu'est-ce que vous avez à rire ? Poseur, va !

— Que ne dites-vous vrai !

Je ne lis rien, de peur de trouver des choses bien.

Mon sourire a la jaunisse.

Hier soir, Schwob et moi nous avons mis notre cœur à nu.

C'est une haute intelligence qui a passé par bien des crises. Il a même voulu s'empoisonner.

— Pendant deux minutes, dit-il, avant de vomir, j'ai touché à la mort.

Il me dit :

Vous m'avez paru méchant, tout d'abord, entier, insupportable, et, malgré l'admiration que j'ai pour vous, je souffrais, ce soir, en venant dîner. Je souffrais à l'avance de vos contradictions.

Le cerveau n'a pas de pudeur.

Portrait de Schwob. Voilà un isolé. Il pense que nous arrivons tard et qu'il ne nous reste qu'une chose à faire après nos aînés : bien écrire.

Il dit : « Voici ce que je veux dire », se lève, se promène, le dos un peu courbé, et parle. Il a des arches sourcilières, une bonne figure ronde, le moins de cheveux possible, et un parler doux de séminariste distingué.

Les fantômes, racontés par Holmès à Mendès, racontés par Mendès à Schwob pour qu'il en fasse une nouvelle. Schwob a déclaré qu'il ne pouvait rien en tirer.

Un Anglais achète une ferme et veut en prendre possession. Il voit des fantômes – ceux des anciens propriétaires

— rangés autour du foyer, et leur dit :

— Allez-vous-en.

Les fantômes refusent. Le fermier va chercher un policeman, puis un pasteur qui répand de l'eau bénite : les fantômes ne veulent pas s'en aller, puis un homme de loi qui leur lit le bail : les fantômes s'en vont.

8 mars.

Été aujourd'hui chez Daudet, d'où nous devions aller voir Rodin, puis Goncourt. J'ai eu le grand malheur, sans doute, de lui déplaire. Aussi, qu'est-ce qui m'a pris de ne pas le complimenter au hasard sur ses livres que je n'ai pas lus ! Salut strict, politesse tout juste ce qu'il faut, et aucune espèce d'invitation, aucun mot de sa femme à l'adresse de ma femme et du bébé. Mon petit, tu as dû faire quelque four. Ah ! la vie nous meurtrit les pieds… Daudet nous parle du chic de son fils Lucien de son « jemenfoutisme » à lui en ce qui concerne sa toilette… d'une paire de pantoufles-chaussettes qu'il a fait faire exprès pour lui, et nous partons.

Chez Rodin, une révélation, un enchantement, cette Porte de l'Enfer, cette petite chose, grande comme la main, qui s'appelle l'Éternelle Idole : un homme, les bras derrière le dos, vaincu, embrasse une femme au-dessous des seins, lui colle ses lèvres sur la peau, et la femme a l'air tout triste. C'est difficilement que je me détache de ça. Une vieille femme en bronze, qui est une chose horriblement belle, avec ses seins plats, son ventre crevassé et sa tête belle encore.

Puis des enlacements de corps, des nouements de bras, et le Péché originel, la femme cramponnant Adam, le tirant à elle par tout son être, et le Satyre étripant une femme entre ses bras, une de ses mains entre ses cuisses, ces oppositions de mollets d'homme et de jambes de femme. Seigneur, faites que j'aie la force d'admirer toutes ces choses !

Dans la cour, des blocs de marbre attendent la vie, étranges par leur forme et, il semble, par leur désir de vivre. C'est amusant : moi, je fais l'homme qui a découvert Rodin.

Rodin, un type de pasteur, le sculpteur de la douleur de volupté, questionne naïvement Daudet et lui demande comment il faut appeler ses stupéfiantes créations. Il trouve de petits noms poncifs, dans la mythologie par exemple. Un Victor Hugo nu dans une maquette... d'ailleurs, quelque chose de parfaitement grotesque.

Chez Goncourt : un musée de haut en bas. Moi, j'ai beau regarder : je ne vois rien. Je ne remarque rien. Goncourt est là-dedans chez lui, vieux type de collectionneur, indifférent à tout ce qui n'est pas sa manie. Je regarde des Daumier. Il soulève la moitié du volume que je laisse un peu tomber : « Des fois, ça se casse vous savez. » Il me dit :

— Si ça vous embête, vous n'êtes pas obligé de les regarder.

La maison n'a pas l'air solide. La porte du « grenier » ferme mal, bat sans cesse, et, avec toutes ces chinoiseries on se croirait dans une des plus riches huttes de l'Exposition universelle.

— Vous ne fumez pas ?

— Non.

— Oh ! c'est pour vous donner un genre.

9 mars.

J'ai connu trois cervelles, dit Goncourt : Gavarni, Berthelot, et un maire de village.

Chez Rodin, il m'a semblé que mes yeux tout d'un coup éclataient. Jusqu'ici la sculpture m'avait intéressé comme un travail dans du navet.

Écrire à la manière dont Rodin sculpte.

Burty, dont on vend aujourd'hui la collection, invitait un jour à dîner Alphonse Daudet, sa femme et Goncourt. Au dessert, il appelait Mme Daudet dans un coin, et lui montrait les Amoureuses, édition originale, introuvable avec une dédicace de Daudet à une femme.

Il n'y a guère que deux mois que Mme Daudet a raconté cette petite histoire à son mari, en le priant de faire acheter à tout prix l'exemplaire.

Burty était un placeur de bonnes : il a fait la guerre à celle de Goncourt pour la remplacer par une de son cru.

Il a écrit un livre, Grave imprudence, seulement pour faire tomber Manette Salomon.

— Quand Burty avait de mauvaises pensées, dit Goncourt, ça se voyait très bien : il devenait tout gris.

Quand on me montre un dessin, je le regarde juste le temps de préparer ce que je vais en dire.

11 mars.

Hier, à dîner, Alcide Guérin. Voilà ce que c'est, d'inviter les gens sur un article ! Un monsieur complètement chauve, une figure de juif qui serait dévot. Il paraît qu'il fait ses prières, va à la messe, communie, et fait maigre le vendredi. Quand il parle Patrie, il prononce le mot de « douleurs intimes » et il a un ronflement de gorge, presque un roucoulement.

Une voix de châtré.

Il fait de Léon Bloy ce stupéfiant présage : « Attendez-vous à quelque chose de grand d'ici peu. Je considère Bloy comme un saint, en tout cas, comme un homme providentiel. »

Il nous dit, à Raynaud et à moi : « Quand vous serez grands, je vous bénirai. » Et on est tenté de prendre le mot à la lettre.

Il dit : « Moi, je ne suis rien, je ne serai rien. » Il attend qu'on proteste, mais on se tait, et son hypocrisie est obligée de rentrer comme une vilaine limace.

Il a un nœud de cravate qui me rappelle, par sa forme, un chapeau de curé.

Qu'est-ce qu'il fait au milieu des jeunes ? Car il en parle et affirme les aimer. Les séminaristes nouvellement arrivés au régiment doivent avoir une attitude semblable. Quand il s'est mis à table, j'ai cru qu'il allait dire le Benedicite.

Discussion entre Raynaud et moi sur Mallarmé. Je dis : « C'est stupide. » Il dit : « C'est merveilleux. » Et cela ressemble à toutes les discussions littéraires.

Chez Schwob, rien que des livres anglais ou allemands. Il a, en outre, le goût de la criminalité, et l'on voit des brochures de justiciers.

Lu au mur une ballade de Richepin dont voici le dernier vers :
Trinquer du verre et du nombril.

14 mars

Il va peut-être se passer ici quelque chose de terrible. Aujourd'hui le mot de croup a été prononcé par une célébrité à lorgnon et à 40 francs la visite. Après, nous ne savons plus ce qu'il a dit. Marinette pleure, et moi je suis sorti avec une boule dans la gorge. Nous sommes grisés de peur.

Nous écoutons le souffle, tantôt rauque, tantôt sifflant de bébé. Les vomissements lui font du bien, et je voudrais le voir toujours vomir.

Le plus terrible, c'est qu'il est gai. Il rit, et la mort peut-être se prépare. Moi, je fais de la littérature.

Nous nous embrouillons dans les pharynx et les larynx.

15 mars.

Un enfant est en bonne santé. Nous disons : « Je l'aime », tout simplement, mais, quand il est mourant comment expliquer la manière dont, avec ses petites mains, il s'accroche à notre cœur !

Mme Oury, M…, et bébé viennent.

— Notre enfant est sous une menace de croup.

— Oh ! ce ne sera rien.

Et ils dégringolent les escaliers, pâles de peur, en agitant les bras et en répétant :

— Ce ne sera rien ! Ce ne sera rien !

17 mars.

Scène possible. L'enfant est mort. La mère et le père sont en larmes. Mais l'amant prend la main de la femme frappe sur l'épaule du mari et dit :

— Allons, du courage ! Nous en ferons un autre.

20 mars.

Docteur, mon enfant se meurt du croup.

— Ah ! Donnez-lui des boules de gomme.

Hier, Schwob est resté jusqu'à deux heures du matin. Il m'a semblé qu'avec des doigts fins il prenait ma cervelle, la retournait et l'exposait au grand jour. Il parlait d'Eschyle et le comparait à Rodin. Il m'analysait Les sept de Thèbes et la rivalité d'Étéocle et Polynice, et la manière géométrique, architecturale, dont cette pièce est composée : tant d'ennemis, contre tant d'ennemis, tant de vers, dix, par exemple, pour chaque chef...

Un moment, la lampe s'est éteinte. J'ai allumé les bougies du piano. Le visage de Marcel Schwob était dans l'ombre.

Je sens que ce garçon-là aura sur moi une influence énorme.

Moi : « Vous ne savez pas ce qu'il faut de courage pour s'empêcher de faire souffrir les autres ! »

Lui : « Moi, j'ai peur de la bêtise de la femme. J'ai pour maîtresse une toute petite fille qui est bien bête, mais si gentiment ! »

Nous nous avouons ceci : quand un être qui nous est cher est malade, et que la mort est toute prête, nous souffrons d'avance des gestes qu'il nous faudra faire pour montrer notre douleur, mais nous ne pensons pas à l'être qui nous est cher.

C'est mauvais, cette habitude que nous avons de refouler les larmes quand il faudrait les laisser couler. Des fois, elles remontent sans que nous sachions pourquoi, et nous nous trompons : nous pleurons à côté.

23 mars.
Balzac est peut-être le seul qui ait eu le droit de mal écrire.

24 mars.
Le symbolisme. C'est toujours le « nous ferons route ensemble » des voyageurs qui partent en même temps. À l'arrivée, on se sépare.

25 mars.
L'autre soir, au cercle d'escrime, Aurélien Scholl, qui présidait disait :
— Nous allons faire ouvrir : il fait trop chaud.
Et tout le monde se mettait à rire.
Et Aurélien Scholl riait aussi.

31 mars.
Remplacer L'Écornifleur par Le Flagorneur.

7 avril.

Le style, c'est l'oubli de tous les styles.

8 avril.

— Allons, dégoisez !

— Insolent !

— Mais, chère madame, « dégoiser » se dit du ramage des oiseaux.

10 avril

Il m'est venu à l'idée de faire de L'Écornifleur une des attitudes de Poil de Carotte ; quelque chose comme ses expériences sentimentales. Ce serait mon Tartarin à moi. On aurait Poil de Carotte de trois à douze ans, Poil de Carotte à vingt ans, et, plus tard, Poil de Carotte de douze à vingt ans.

13 avril.

Une des cent mille manières de recevoir un compliment : « Ça me fait plaisir, parce que je sais que vous êtes un indépendant. »

15 avril.

Mot de Gloriette : « Si je savais que je vais mourir, j'en mourrais à l'avance. »

Schwob m'apprend que L'Écho de Paris aura un supplément littéraire et que Mendès l'appelle à la direction. Je félicite Schwob comme un oncle à héritage, et mon affection pour lui ne m'empêche pas de songer à l'utile.

Daudet, en verve, nous parle des embarquements de Gauguin, qui voudrait aller à Tahiti pour n'y trouver personne, et qui ne part jamais. Au point que ses amis les meilleurs finissent par lui dire : « Il faut vous en aller, mon cher ami, il faut vous en aller. »

Le critique, c'est un botaniste. Moi, je suis un jardinier.

17 avril.

Un homme tellement beau que lui-même se trouve ridicule.

Oui, en effet, j'ai dit que vous aviez du talent, mais je n'y tiens pas.

21 avril.

Formule nouvelle : l'enfant pleura comme un homme.

Tout de même, on se repent des torts irréparables, des torts qu'on a eus envers des gens qui sont morts.

22 avril.

Un mot entendu par le père de Schwob.

Au théâtre, un bonhomme est à côté d'un monsieur au nez difforme. Tout à coup, il se tourne vers lui :

— Tenez, j'aime autant vous le dire : il y a un quart d'heure que votre nez m'embête.

L'homme au nez difforme :

— Et moi, monsieur, il y a vingt-cinq ans !

J'en ai assez, de me faire petit devant les autres.

Visité ce soir l'exposition d'Eugène Carrière.

La folie douloureuse des fillettes, des jeunes filles, qui ont le joli, le gracieux effrayant des folles gaies. Des mères malades et folles qui donnent de vilains seins, mal dessinés, à leurs enfants. Un bébé qui a des fleurs rouges dans la tête et qui a l'air d'un poussah hideux. Pose fréquente : appuiement de la tête sur la main. Le collage des chairs. Des figures comme taillées dans la pierre. Geffroy, ce mélancolique silencieux, prétend que toutes ces têtes-là pensent. Je ne crois pas : bien plutôt, elles ne pensent plus. Elles sont presque mortes, inertes, comme après une effroyable catastrophe. « La vie est-elle donc une chose rigolote ? » dit Geffroy. Et puis, zut ! Ces gens-là nous entraîneraient dans des trous. Ils sont intéressants, mais on ne sait plus. On arrive très bien à s'extasier devant eux. Là où le peintre n'a peut-être cherché qu'un effet de lumière ou de ligne, nous voyons des choses, de l'Au-delà. Croûte égale chef-d'œuvre. On est ivre. Il faut absolument se dessaouler et s'en aller. Le grand art n'est pas là.

24 avril.

Hier soir, chez Daudet. La petite fille, paraît-il, a fait, du coq en carton qu'on lui a donné, une personne morale qui s'appelle « le coq de M. Renard » et avec lequel elle tient des conversations. La splendide Jeanne Hugo, avec son merveilleux nez, un nez de grande race, à la Victor Hugo. Goncourt parle, avec une bonhomie qui me paraît fausse (pourquoi ?) de l'insignifiante vente de ses livres, dont quelques-uns ont pourtant fait un potin à la Drumont.

Rosny cause intarissablement de sa bête noire, Huysmans. J'entends : « Pour vomir son temps, il faudrait d'abord l'avoir mangé. Chacun est un révolté, de nos jours. » À ce propos, Daudet dit :

— Moi, j'ai refusé d'entrer à l'Académie. On ne me prendra jamais pour un révolté. Pourquoi ?

Charpentier, qui prétend lire tous les manuscrits.

Margueritte, un garçon très grand, très doux. Toudouze, qui me cherchait partout pour me remercier, avec la même ardeur, sans doute, que je mettais à sa recherche.

Un monsieur glabre qui me parle tout le temps de mon livre. Comme je le trouverais insupportable s'il me parlait d'autre chose !

Daudet me dit de Schwob : « Il a la tête toute pleine »

Carrière, dont les paroles ont le gris, l'incertain, l'inachevé de ses tableaux.

Un homme écrit une lettre d'amour à une femme qui ne lui répond pas.

Il cherche les raisons de ce silence.

Il finit par trouver ceci :

— J'aurais dû mettre un timbre dans la lettre.

26 avril.

Ferdinand Fabre, ou l'homme qui veut tous les prix de l'Académie.

Faire de ses rêveries des pensées.

27 avril,

Hier, au Moulin-Rouge, au Moulin de la Galette. Cela fait mal, de n'être rien pour la femme qu'on trouve jolie. Une petite fille en chaussettes, jambes nues, faisait le grand écart. J'aurais accepté d'être son souteneur. J'aurais voulu être aussi le chef d'orchestre, le chef de tout cela. Oh ! les pustules de la vanité !

30 avril.

Schwob me raconte que Rémy de Gourmont est venu pleurer dans le sein de Mendès. Son article sur le patriotisme l'avait fait mettre à la porte de la Bibliothèque nationale, et il avait ses poches pleines de choses à reproduire dans le Supplément de l'Écho de Paris.

Schwob dit : « C'est peut-être dans la Bible qu'on trouverait des procédés littéraires nouveaux et l'art de laisser les choses à leur place. »

1er mai.

Qu'est notre imagination, comparée à celle d'un enfant qui veut faire un chemin de fer avec des asperges ?

2 mai.

Acquiers le talent de dire sans bâiller : « C'est intéressant. »

Vu ce matin Richepin. Un gros chien frisé très doux. Un veston rouge, des bas, des jarretières, une culotte, et il est nu dans une chemise ouverte. Deux chiens. Un jardinet devant, un autre derrière.

Deux doigts de la main chargés de bagues.

Aime Chateaubriand, Rosny, et trouve les Goncourt surfaits.

Le bon homme qu'est Rodin nous dit naïvement : « J'ai été l'élève de Barye, mais je ne le comprenais pas. Il me semblait trop simple pour être un grand artiste. »

7 mai.

Prendre par le cou l'idée fuyante et lui écraser le nez sur le papier.

Je sens très bien que je vais être tourmenté par la phrase. Un jour arrivera où je ne pourrai plus écrire un seul mot.

Ma crainte était de n'être, plus tard, qu'un Flaubert de salon, inoffensif.

8 mai.

Cette phrase de Huysmans, cette phrase-chariot. Il me semble, quand je lis, qu'on m'oblige à courir dans des ceps de vigne.

9 mai.

Tout est beau. Il faut parler d'un cochon comme d'une fleur.

16 mai.

Vu, hier, l'exposition Monet. Ces meules avec leur ombre bleue, ces champs bariolés comme des mouchoirs à carreaux.

18 mai.

Revu M. Rigal. Rien de plus douloureux que de revoir un ancien maître en mendiant.

22 mai.

Vu ce matin Barrès. La conversation sur Mallarmé. Cela rapportera des millions, le Grand OEuvre.

Mallarmé disant à sa femme et à sa fille : « Maintenant, vous pouvez y aller : je suis sûr de moi », et les deux femmes ont jeté par la fenêtre les quelques sous.

— Mais où en êtes-vous du Grand OEuvre ? lui dit Barrès.

— Tenez ! dit Mallarmé en lui montrant sur sa table un amoncellement de papiers.

Il s'absente, et Barrès, curieux, feuillette : les copies des élèves de Mallarmé !

On ne peut pas fréquenter Mallarmé sans avoir du génie.

Une réunion des Symbolistes d'après Barrés. Dîner glacial. « Le continuateur de Pascal : Théodore de Banville », dit Morin. Éclats de rire.

« Si nous ne voulons pas nous prendre au sérieux, allons-nous-en ! » dit l'un d'eux.

Finie, la forme du roman. Barrès méprise les paillettes de l'esprit. Ne refera plus de Renan et a préparé un « Taine en voyage » qu'il ne publiera pas. N'aime que les idées, la métaphysique, qui le grise, et dont on peut jouir sans comprendre.

Prépare des dialogues à la Sénèque.

24 mai.

Voyage à La Châtre, un pays dont George Sand est la Sainte Vierge. Elle y avait son boucher, son pâtissier, plus un coiffeur qu'elle emmenait à Nohant pour trente jours.

J'ai voyagé, aller et retour, avec Henry Fouquier, et j'ai eu la force de ne pas lui demander son nom afin qu'il me demande le mien.

Causer littérature sans savoir avec qui, c'est le meilleur mode pour conserver de bonnes relations littéraires.

Elle est assise, George Sand, dans sa pose de Comédie-Française, en plein square. Le clerc boiteux qui nous conduit ne peut pas passer devant une maison sans dire le nom du propriétaire, la valeur de l'immeuble, son histoire, et quels héritiers le guignent. Il nous raconte que, le jour de l'inauguration de la statue de George Sand, Mme J.-B. Clesinger, sa fille (Solange), vexée qu'on n'eût pas accepté le buste de son mari, le tenait à une fenêtre, en face de la foule, entouré de couronnes et de drapeaux. Il ajoute que les œuvres de George Sand rapportent à ses héritiers de 40 à 50 000 francs par an, ce qui ne les empêche pas de laisser se perdre la propriété de Nohant et de faire couper des arbres historiques, des arbres sur l'écorce desquels, dit-il, George Sand avait certainement dû écrire quelque chose.

« En plein travail, dit Fouquier quand nous revenons, George

Sand était capable de se lever parce qu'elle avait besoin d'un homme. Elle faisait de la copie comme on fait des planches. » Sa fille, Solange, était un type plus curieux encore. À la fois artiste noceuse et femme d'ordre, elle disait à Fouquier, à six heures du matin, à la fin d'un bal : « Je m'en vais, parce que je veux voir ce que font mes servantes. »

Une mémoire presque aussi tenace que celle de George Sand, c'est celle du grand-père de Marinette, du vieux roulier Morneau.

Le clerc n'en finit pas : « Tenez, ça, c'était à lui, ça aussi, puis ça, et puis encore ça enfin, tout ça, quoi ! »

Eh ! bien, de « tout ça », il ne reste à Marinette : 1° que la moitié d'un terrain – dit l'acte, – en réalité, d'un petit coin infect où se tasse tout le fumier des gens et des bêtes, 2° d'une maison étrange. Au rez-de-chaussée, c'est la cave où il y a un puits, et c'est là que s'est logé un des octrois de la ville. Quand on fait trop de feu, la fumée ne se donne pas la peine de monter : elle passe par les crevasses du mur. Elle est tout de suite dehors.

Derrière, il y a un mur que le voisin ne voulait pas laisser construire, et que le grand-père Morneau a fait élever en une nuit : c'est le mieux fait, le plus solide. Voilà un tour !

Sans renseignements, dans cette propriété j'avais vu un château. C'est la plus triste masure de tout la Châtre. L'usufruitière qui la laisse tomber habite une petite propriété bien entretenue qu'elle soigne comme son souffle. La vieille femme tient une petite épicerie, et s'imagine qu'on la vole. Quand elle est chez elle, elle entrecroise, dans un ordre précis, des balais devant ses portes. Si elle est dans son jardin, elle attache le loquet de la porte à un arbre, avec une ficelle. Elle a acheté cette propriété, et cette dette pèse sur toute sa fin de vie. Elle pleure ou nous fouille de ses petits yeux.

Nous voulons lui racheter l'usufruit de notre masure. Elle voudrait bien de l'argent, mais l'idée de n'avoir plus une chose même qui lui est à charge, la bouleverse. Elle dit : « Alors, quand vous m'aurez donné de l'argent, je n'aurai plus rien, moi ! Je n'aurai plus rien ! »

Elle avait cueilli un petit bouquet pour Marinette, mais, à la dernière minute, elle oubliait de me le donner.

Il y a à La Châtre deux meuniers, deux frères. L'un a épousé une femme riche et est ruiné ; l'autre a commencé avec rien, et son moulin vaut un million. Les deux moulins sont à quelques pas l'un de l'autre, et, cette ruine à côté de cette jolie chose, c'est tout à fait moral. Le clerc nous dit : « Le riche ne surveillait pas le départ de ses charretiers. Ils emportaient des sacs d'avoine et les vendaient. Voilà le bénéfice de la journée mangé. Le pauvre, au contraire, se levait matin. » Ces deux moulins, c'est toute la vie en deux leçons.

26 mai.

Vous me faites bleuir.

Moréas dit : « Je ressemble à Racine. »

Chaque matin songer aux gens qu'on va cultiver, aux pots qu'il faut arroser.

28 mai.

Présenté hier à Mendès. Il me dit : « Vous avez un roman ? Apportez-le donc. Il passera dans cinq ou six ans. »

Schwob me raconte :

— Un jeune homme va demander un emploi à un banquier, qui le met à la porte. Le jeune homme, en passant dans la cour, ramasse une épingle. Le banquier le fait rappeler, le traite de voleur et le remet à la porte. C'est un peu plus humain et logique que l'histoire Laffitte.

Dîner Barrès. D'Esparbès nous raconte Alphonse Allais soldat.

Un jour, il voit le drapeau du régiment dans un coin et se précipite en demandant : « Où est l'ombre, l'ombre du drapeau ? »

Il avait comme caporal un Corse, nommé Bellagamba qu'il appela tout de suite « monsieur Bellejambe ». Il arrivait à l'exercice traînant son fusil par la baïonnette et, à chaque instant, il sortait des rangs pour regarder les autres quand le caporal disait :

« Un tel, rentrez le ventre. »

Un jour, il dit au caporal :

« Monsieur Bellejambe, il fait beau, ce matin. Le ciel est pur, les oiseaux chantent. Moi, je m'en vais. » Et il quitta les rangs, traînant toujours son fusil par la baïonnette.

Tout cela avec un air ahuri. Son colonel lui pardonnait tout et finit même par le laisser aller. Sur vingt-huit jours, il en a fait cinq ou six.

Barrès, avec l'air de nous demander si c'était assez, nous dit que L'Éclair lui payait 400 francs un article de quinze lignes.

Un mot d'Allais : La nuit tombait.

Je me penchai pour la ramasser.

Charles Morice, depuis dix ans, est le portier du symbolisme. Il est là, sur le seuil, et c'est par lui que le jeunes entrent dans la vie littéraire.

Le crâne de Barrès, c'est un peu celui du corbeau d'Edgar Poe.

Ne jamais être content : tout l'art est là.

16 juin.

Dirait-on pas qu'on est obligé de faire un roman comme ses vingt-huit jours !

18 juin.

Soyez tranquille ! Je n'oublierai jamais le service que je vous ai rendu.

15 juillet.

Je ne vous suivrais pas, même pour aller au bout de monde.

29 juillet.

L'Écornifleur, c'est l'histoire d'un jeune homme insupportable qui parle tout le temps et ne prouve rien.

30 juillet.

La guerre n'est peut-être que la revanche des bêtes que nous avons tuées.

31 juillet.

Croirait-on qu'un livre a sa pudeur, et qu'il ne faut pas trop parler de lui ?

1er août.

Seigneur, aidez-nous, ma femme et moi, à manger notre pain quotidien de ménage !

3 août.

Si on reconnaît « mon style », c'est parce que je fais toujours la même chose, hélas !

8 août.

Ma tête biscornue fait péter tous les clichés.

7 octobre.

Schwob : « Oui, publiez L'Écornifleur. On vous attend. Tout le monde prétend que vous manquez d'haleine. Rosny me disait ce soir : « Oui, sa supériorité dans les petites choses est incontestable, mais il faudrait le voir dans les grosses. »

Capus : « Pourquoi voulez-vous qu'Ollendorff refuse L'Écornifleur ? Il publie un volume par jour. Est-ce qu'on a jamais vu un éditeur refuser un livre ? »

8 octobre.

En somme, on a toujours un « roulement » d'amis suffisant.

Schwob me dit : « Daudet doit avoir des foucades. Oui, il est tel moment où il doit prendre les gens en horreur, vous et moi, les autres. Un jour, à Champrosay, j'ai essayé de lui parler de L'Écornifleur : il est resté d'un froid, disant simplement parfois : « Oui, oui », mais avec un ennui visible. Peut-être a-t-il peur de nos demandes. Peut-être aussi, comme vous m'avez introduit chez lui, serait-il heureux de constater que je vous lâche et que je prends votre place auprès de lui. Il ne faut pas retourner le voir sans qu'il vous invite. »

9 octobre.

Une jeune fille victime d'un accident dû à la bienveillance.

Le vrai bonheur serait de se souvenir du présent.

Quel ménage ! Vous n'avez pas fini vos roucoulements ? On se croirait chez un marchand d'oiseaux !

10 octobre.

Quelque chose comme un clair de soleil.

Hélas ! Il me suffit encore qu'un homme me dise qu'il est honnête pour que je le croie.

Au moins, j'ai eu une audace dans L'Écornifleur ; j'ai mis « porte-monnaie » au lieu de « bourse ».

13 octobre.

Un homme se console d'être doux en affirmant qu'il est féroce quand il s'y met.

Peut-être que les gens de beaucoup de mémoire n'ont pas d'idées générales.

15 octobre.

Un duel, ça a l'air d'être la répétition générale d'un duel.

16 octobre.

J'ai vu, monsieur, sur une table de boucher, des cervelles

pareilles à la vôtre.

18 octobre.

Hier, dîné chez Descaves avec Huysmans, Bonnetain. Huysmans, naturellement, tout autre que je pensais. Grisonnant, barbe en pointe, traits durs et nets. On le reconnaîtrait à sa haine pour Rosny.

Cause parfums avec les dames de lettres imprégnées de cantharide, et qui empoisonnent. Met Lyon au-dessus de Paris. Intéressant amusant, produit de l'effet, mais le reproduit dix fois… Il disait :

— Meyer, du Gaulois ! Il nous priait de passer au bureau du journal, Maupassant, un autre et moi. Que nous voulait-il ? Enfin, il arrive et : « Messieurs, je n'ai pas voulu partir en voyage sans vous serrer la main. »

Carotte, supprimez carotte. Vous n'y tenez pas ! Carotte n'est pas un mot du grand monde…

Mendès, ce ruffian de lettres, un être malfaisant, cérébral. Toute sa littérature est cérébrale. Des plaisanteries, ses histoires de femmes ! Est impuissant, a de petites pustules sur les lèvres, et se soigne !… Met de petites pilules dans sa boisson, des pilules sans nom qui ont l'air d'être faites par lui… Très habile, et aime les lettres quand ça ne coûte rien. À joué Villiers, Moréas, a joué tout le monde, excepté Lorrain, qui lui tient tête.

Sarcey, ignoble. Lemaître, plus ignoble encore, parce qu'il croit comprendre. France, crétin. Maupassant a fait des affaires avec des terrains, a une maladie de la moelle…

Je voudrais être en prose un poëte mort qui se regrette.

La prose doit être un vers qui ne va pas à la ligne.

20 octobre.

Une salle de rédaction.

Des cartons verts dont les lamentables lèvres pendent, des carreaux barbouillés comme exprès, des numéros du jour par terre, et des bouts de papier collés sur le mur avec des pains à cacheter, quelques-uns avec des crachats. Une atmosphère de lieux d'aisance où des collégiens fument. Sur la table, les Plaideurs de Racine. Tout autour, un grouillement, des coups de timbre. Dans la salle d'attente, une vieille femme, avec un vieux cabas, qui semble attendre qu'on lui apporte des épluchures d'articles.

22 octobre.

Mes amis m'attendent au roman, comme au détour d'une rue.

24 octobre.
Vu ce matin M. Paul Ollendorff. À la goutte. Est-ce pour ne pas se lever quand un visiteur entre ? Soulaine le chef des corrections d'épreuves, a sur le visage comme un reflet de Trézenik. Ollendorff m'a fait le discours connu sur le succès d'estime qui m'attend certainement, et ce succès d'argent qui m'attend aussi, mais avec moins d'impatience.

28 octobre.
Quand Schwob dit qu'une chose est très bien, son œil a un petit papillotement comme des lèvres qui prient.
Être méchant sur le papier.
On peut donner le ton des paysans sans faute d'orthographe.

30 octobre.
Une phrase solide, comme construite avec des lettres d'enseigne en plomb découpé.
Je ne ris pas de la plaisanterie que vous faites, mais de celle que je vais faire.

2 novembre.
C'est étonnant comme toutes les célébrités littéraires gagnent à être vues en caricature !
Toujours cette timidité en entrant dans un bureau de rédaction. Des ennemis peut-être sont cachés dans les cartons, et, comme un gros monsieur aimable, correcteur des épreuves du Supplément, m'offre obligeamment une chaise, je me demande s'il se moque de moi, s'il veut me jouer un tour.
Hier, touché mon premier sou de lettres. À ce moment-là, un sou, c'est aussi beau que 50 000 francs.
En sortant, Schwob me dit : « Vous voyez cette femme qui me quitte ? C'est mon passé qui revient et que je vais reprendre. Cette femme-là m'a fait faire tout ce qui mène en correctionnelle et en Cour d'assises. Elle m'a, en outre, rendu ridicule, et moi, le Schwob que vous connaissez, j'ai été un monsieur montant à cheval, jouant aux courses, vêtu à la dernière mode. Je la méprise. Elle est bête Elle revient à moi parce qu'elle me croit de l'argent. Elle est orgueilleuse. Elle me considère comme un journaliste, et les journalistes comme rien, et cependant je vais la reprendre. Je vais peut-être faire souffrir,

pour cette grue que je n'aime pas, une autre petite femme que j'aime, qui est simple, bonne, et se contente du peu que je lui donne. Ce n'est pourtant pas sa chair qui m'attire.

Qu'est-ce que c'est ? Je vais redevenir ce que j'ai été : quelque chose de pas propre. »

Définition, à peu près du mot « terme » par Schwob : un dieu dont on célèbre la fête avec des cloches de bois.

4 novembre.

Dîner Flammarion. Gravement on nous enlève, à Schwob et à moi, des assiettes où nous n'avons pas mangé. La sole au vin blanc n'arrive pas jusqu'à nous. Nous faisons des provisions de pain et de pommes vertes. Des gens se battent pour du fromage. Un monsieur, un Clovis Hugues soufflé, fait le chien-loup et pousse des hurlements. Un auteur, que nous croyons dramatique, et qui est monologuiste, dit une chanson... Xanrof fait le stupide au piano. Fasquelle, l'associé de Charpentier, exécute la danse du ventre et, frottant son pouce contre la table, la fait trembler. Il a un large nez écrasé au milieu du visage. C'est comme un coup de pied qu'on lui aurait donné, et dont il lui serait resté le pied.

Mendès parle à Flammarion, et celui-ci a l'air aussi embêté qu'un éditeur qui écoute un auteur. Flammarion l'astronome, qui m'a tout de suite, en entrant, demandé la moitié de mon pain, me dit qu'il prépare la fin du monde : sept ans de travail. Il a l'air bien avec le Ciel et très bien avec lui-même. Un acteur, Florent, artiste, qui fait des imitations, est rasé comme une fesse, et cependant il a trouvé le moyen de se faire une raie.

On voit au loin, au bout de la table, Ginisty dont les yeux sont comme des fentes de porte-plume pour mettre la plume. Il a les cheveux huileux, sortant de lessive, et, sur le front, quelque chose que Schwob prend pour une souris, et moi pour un derrière de crapaud. Un monsieur, qui a une tache lie de vin, ressemble à un assassin qui viendrait se mettre à table sans s'essuyer. Un autre, sorte d'Homère roussi et édenté, parle des souffles : c'est Lacroix, le monsieur qui a donné près d'un million à Victor Hugo. Bertol-Graivil, un pion maigre et décoré.

Schwob : « Quelles bestialités ! »

Moi : « Et ces cheveux qu'ils ont ! Comme si le bon Dieu, pressé, n'avait pas eu le temps de leur ôter ça. »

Schwob : « Et ces yeux, ces doubles molards, et ces nez, ces extraordinaires protubérances charnues ! »

Lui est beau, moi aussi, sans doute.

On se lève de table, et je vois Mendès qui se reculotte.

Allais : « Je suis heureux de connaître Jules Renard. »

Moi : « Moi, je vous connaissais. Vous avez fait un bien amusant livre. »

Allais : « Oh ! C'est un chef-d'œuvre. »

Moi : « Je me rappelle, de vous, une histoire. Vous savez ? Cette petite fille qui ne veut pas monter dans un omnibus dont la couleur ne va pas avec sa toilette… »

Allais : « Parbleu ! Je vous crois. C'est un pur bijou. Mais Renard a l'air désolé. »

Moi : « Pas du tout.

Je m'amuse, et mon rêve était de causer avec des hommes de lettres. »

Mendès : « Un jour, je suis allé dîner chez Cladel, et il s'amusait à mettre son gosse les fesses nues sur la soupière : ça lui chauffait le derrière. Ça faisait rire Cladel et nous donnait de l'appétit.

« Il est encore moins sale que Philoxène Boyer que j'ai vu vivre un mois avec une grande raie d'encre sur la joue droite, et, quand il ouvrait l'œil, ça faisait une solution de continuité. »

Courteline : « Ça ne vaut pas ce monsieur qui ne voulait pas quitter sa paire de chaussettes sales. Il en mettait une paire de neuves, et les vieilles s'en allaient en passant au travers des neuves. J'ai vu aussi deux ivrognes saouls jouer aux cartes. L'un, en tournant le roi, dégueulait des tas de choses, entre autres des morceaux de rognons ; l'autre, saoul comme lui, faisait le pli, se levait et, prenant les morceaux de rognons qui pendaient dans la barbe de son ami, les mettait dans sa poche. »

7 novembre.

Visite à Barrès.

Barrès : « Devant les grandes douleurs, je suis toujours pris d'un fou rire. »

Moi : « Pourquoi n'organise-t-on pas un système d'agents qui feraient nos visites de condoléances ? Les pleureurs de l'Antiquité étaient bien imaginés. »

Byvanck : « Il ne faut aimer les femmes de lettres que mortes. »

Barrès : « Je n'aime que les articles des étrangers. Ce sont les seuls qui vous donnent l'illusion de la sincérité. »

Moi : « Je les aime parce que je ne les comprends pas, qu'on n'y voit que le nom, sans deviner ce qu'il y a autour, ce qui autorise toute liberté de traduction. »

Barrès : « Ce qui m'agace, c'est que toute femme que je rencontre me demande ce que je pense de l'amour. »

Byvanck : « Un écrivain allemand a prouvé que la pitié que nous feignons d'avoir pour le peuple n'est que la peur que nous avons de lui. »

Barrès : « Cependant, un chien écrasé... »

Moi : « Quand il est écrasé, bien ; mais avant ? »

Nous sommes allés nous purifier à la flamme modérée de Barrès.

La poignée de main plongeuse, en cou de cygne, de Barrès. Cette poignée de main n'est d'ailleurs qu'un vague attouchement de doigts.

Maurice Barrès en veston à longs poils, en bottines déboutonnées, dans un grand atelier de verre et de bois.

Barrès : « Oui, Stendhal commence à m'ennuyer, mais si j'en pense moins de bien, je ne veux pas qu'on en dise du mal devant moi »

8 novembre.

Très jeune, on a de l'originalité, mais pas de talent.

25 novembre.

J'ai fait le calcul : la littérature peut nourrir un pinson, un moineau.

30 novembre.

Barrès oublie souvent que ce qu'il appelle dédaigneusement « un récit » est plus difficile à faire qu'une réflexion philosophique.

Il y a des critiques qui ne parlent que des livres qu'on va faire.

1er décembre.

Comme c'est vain, une idée ! Sans la phrase, j'irais me coucher.

2 décembre.

Il est mauvais de vouloir plaire aux gens de talent. Quelle chose morte serait une littérature pour plaire à Barrès !

Les gens auxquels on trouve du talent et qu'on ne lit jamais.

Il conviendrait de mettre sur nos livres, au lieu de premier, deuxième mille : première douzaine, deuxième douzaine.

Cet homme a autant d'effets sur lui qu'un oignon de pelures.

3 décembre.
Tout cela est bien, mais quand irons-nous dans la lune ?

4 décembre.
Il était si laid que, lorsqu'il faisait des grimaces, il l'était moins.

7 décembre.
Il n'y a qu'une façon d'être un peu moins égoïste que les autres :
c'est d'avouer son égoïsme.

11 décembre.
J'avoue très humblement mon orgueil.

12 décembre.
Quand on sort du Théâtre d'Art, on a envie d'appeler sa femme la
bien-aimée de son âme et la bonne, fille de Jérusalem. Je trouve ça
très dansant, le Cantique de Salomon. Théodat, qui est une chose de
nuances, paraît gros, gros, et l'évêque a la grâce d'une paire de
pincettes.

Vu Camille de Sainte-Croix, une belette, qui s'imaginait que
j'étais un gros homme brun, à fortes moustaches, Octave Mirbeau,
qui cherche des choses, le Stryienski de Stendhal, qui me remercie
avec chaleur d'articles parus je ne sais où, et j'accepte de même ces
remerciements qui ne sont pas à moi. On me parle beaucoup de mon
roman qui va paraître, afin de ne m'en plus parler quand il aura paru.

14 décembre.
Au dîner du Gil Blas, Maizeroy, un type de garçon d'honneur,
Jules Guérin, un type d'ancien viveur qui sourit à la manière des
sceptiques, d'Hubert, un type de gentilhomme accablé et bébête.
Séverine a des resserrements de tout son être quand elle parle des
mères qui ont cinq enfants.

— À Saint-Étienne, dit-elle, les couches du sol sont si minces
que, souvent, les mineurs qui travaillent sous les cimetières reçoivent
sur la tête la poussière des morts. Vous me faites songer à Vallès, et
vous savez quel culte j'ai pour lui.

Ne me croyez pas complimenteuse. Je ne fais jamais de
compliments.

— Il est entendu, dis-je, qu'on ne fait jamais de compliments.

— Je me rappelle, de vous, un article sur Schwob. Vous l'avez
tué de ridicule.

— Qu'est-ce que vous me dites là !

— Oui, il y a l'ange et le diable chez l'homme. Vous avez fait cet article comme un diable, et pas comme un bon diable.

Arrive Labruyère qui me dit la même chose ; seulement, en vrai rastaquouère, il prononce Schwoub au lieu de Schwob. Il a des cheveux raides, impénétrables, qui lui rabattent les oreilles et semblent sortir de chez un mauvais perruquier.

Léopold Lacour à Vandérem :

— Je vous admire. Vous êtes calme et fort. Vous allez droit à votre but. Vous êtes partout, vous connaissez tout le monde, vous n'avez pas un ennemi, moi, j'ai dansé pendant douze ans sur les mains, dans les salons de Paris, et je ne suis arrivé à rien. Vous, vous êtes prudent, point sauteur, et vous arriverez à tout.

Vandérem, un Ajalbert distingué :

— Dites tout de suite que je suis une fripouille !

Labruyère a son tabac dans une marmite. Quand il bourre sa pipe à tout petits coups de pouce, il parle de Séverine en termes folichons.

Talmeyr, un esprit fin, méchant, comme les gens qui ont un mauvais estomac. Il me peint les convives d'un mot sec.

— Pauwels : une tête de cour d'assises. Il n'y passe point, parce qu'on croit peut-être qu'il y a déjà passé. Voici le plus gros actionnaire du Gil-Blas : il y a opposition sur ses titres.

On me présente. On me présente aussi au président du conseil d'administration, et tous ces vieux m'adressent des compliments sur mon histoire de cabinets bouchés. Peut-être que, pour réussir au Gil-Blas, il faut et il suffit de voir l'humanité en un endroit : le milieu, des deux côtes.

Massiac : une poupée de quarante-cinq ans, des gestes menus, une barbe énorme, des joues qui dépassent la barbe. On s'attend à le voir soudain poser sur la table sa barbe, ses joues et sa tête.

Bruant, l'homme aux bottes, au complet de velours, à la chemise rouge, une tête de belle vieille. Il hurle ses chansons les mains dans les poches, et donne parfois la sensation du génie, en enthousiasmant.

D'Esparbès montre ses mollets carrés, et durs, et rouges, comme des prix d'honneur.

Lacour se met à faire le paillasse, à se rouler par terre, pour arriver, sans doute. Des femmes sont assises sur des genoux, et des animaux vont surgir des hommes.

Armand d'Artois :

— Comme je disais à Mendès :

« Voyons ! Vous n'allez pas me faire croire que les décadents ont du talent, et que les choses que vous avez prises à Moréas pour L'Écho sont bien », Mendès m'a répondu : « Il ne faut pas qu'on les étouffe !... »

16 décembre.

Je note que Barrès n'entretient que les amis qui peuvent lui être utiles. Je lui ai présenté Schwob, je l'ai fait dîner avec Schwob, ici, et, comme Schwob est directeur du Supplément de L'Écho, la suite se devine,

Il est bien malheureux que notre goût avance quand notre talent ne bouge pas.

17 décembre.

En somme qu'est-ce que je dois à ma famille ? – Ingrat ! Des romans tout faits.

21 décembre.

C'est une erreur commune de prendre pour des amis deux personnes qui se tutoient.

22 décembre.

Vu ce soir Armand Silvestre. Je n'ai entendu que ce mot qu'il disait au fils Simon :

— J'ai l'œil fixé sur vous.

Et il lui montrait son derrière.

23 décembre.

Vu hier Antoine pour la première fois au Théâtre Libre. Il ressemble au médecin de Barfleur. La Dupe d'Ancey.

— Je trouve ça très bien, disait Roinard, parce que ça fait descendre un peu plus bas le naturalisme.

Selon moi, des mots d'auteur mal préparés, pas vrais, des types trop tranchés, un type de viveur qui est un voyou, des actrices qui remuent les poings comme des lapins. Enfin, des couplets, toujours des couplets.

— J'ai été très content de ma soirée, en somme, dit Roinard. Le Cantique des Cantiques est une chose nouvelle. Avec Salomon derrière moi, je n'avais pas peur, mais avec tout autre je n'aurais pas osé faire ça. Ma machine des parfums qu'on a tant blaguée (blague de bon aloi !) m'est venue naturellement. Ça pue le parfum dans le

Cantique. Seulement, il m'aurait fallu un calorifère, tout au moins un poêle, où ces parfums eussent pu cuire. Au lieu de ça, on m'a donné un monsieur avec un vaporisateur dans une loge. D'ailleurs, quelle soirée ! Tout le monde m'était hostile. Vous comprenez qu'on sentait là quelque chose de neuf. J'ai peint les décors moi- même : j'en suis de 500 francs de ma poche...

— Quand vous auriez tant besoin de vous acheter un chapeau !

Son petit cœur. Encore Pierrot, Colombine, Arlequin et quel Arlequin ! Non ! Non ! Fermez ! La littérature est pleine.

Le petit éphèbe Marsolleau va d'ami en ami.

— Est-ce pas ? C'est gentil. Et puis sans prétention est-ce pas ?

On parle, dans cette gentille pièce, de Zanetto, pour faire pst ! pst ! au succès du Passant.

M. et Mme Clovis Hugues s'installent au balcon. Aussitôt, un nom vient à mille bouches : Morin ! Morin ! C'est beau, la gloire !...

Touché du doigt la galantine d'Ajalbert, le hérissement de Rodenbach...

Vu, chez Schwob, André Gide, l'auteur des Cahiers d'André Walter. Schwob me présente comme un entêté insupportable.

— Si vous ne l'êtes pas, dit Gide d'une voix grêle, vous en avez l'air.

C'est un imberbe, enrhumé du nez et de la gorge, mâchoires exagérées, yeux entre deux bourrelets. Il est amoureux d'Oscar Wilde, dont je vois la photographie sur la cheminée : un monsieur à la chair grasse, très distingué, imberbe aussi, qu'on a récemment découvert.

Impossible d'avoir Courteline à dîner. Il dîne tous les soirs dans sa famille.

— Mais, dit Schwob, vous dînez tous les mardis avec Mendès, c'est encore ma famille, dit Courteline.

24 décembre.

Hier, dîné chez de Beauregard. Tout était froid, excepté un semi-vieux, Firmin Javel, qui avait connu Albert Glatigny et en parlait avec chaleur.

Aujourd'hui que je viens de toucher 215 francs au Gil Blas, je souris au comptable, aux caissiers, je suis exquis avec tout le monde. L'homme n'est pas la moitié d'un imbécile.

29 décembre.

Il faut pourtant se résigner à produire toujours l'effet contraire.

Monter à cheval sans étriers sur un serpent.

1892

2 janvier.

Un poëte symboliste lit à un de ses amis la description d'une maîtresse.

— Est-il possible, s'écrie l'ami, de massacrer ainsi une femme !

Dire qu'il nous faudra mourir, qu'il nous est impossible de n'être point nés !

Les dossiers du jeune conducteur d'hommes. On les ouvre : ils contiennent des cartes du jour de l'an.

Ah ! si l'on pouvait, monté sur une chaise coller son oreille à la lune ! Que de choses elle nous dirait !

3 janvier.

Mot de mari à une femme : Enfin, voyons, combien as-tu d'amants ?

4 janvier.

Le mouvement de l'artiste qui se retire à pas doux, écoutant si on l'applaudit.

Dis tout ce que tu voudras de Boileau : n'empêche que tu le connais, tandis que, lui, il ne te connaît pas.

Tomber sur un livre à regards raccourcis.

Raynaud parle de Léon Bloy. Quelqu'un lui est-il présenté ?

— Vous êtes un imbécile, monsieur.

Et il ajoute, selon la figure qu'on fait :

— C'est ma façon à moi d'éprouver les inconnus. Je commence par leur dire des sottises.

Ou bien il dit à l'effronté :

— Monsieur, qui voulez me parler, je ne suis pas riche, et mes quarts d'heure se payent.

5 janvier.

C'était un homme aigri… par le succès.

Je travaille beaucoup afin que, plus tard, quand je me retirerai dans mon village, les paysans me saluent avec respect, si je me suis enrichi dans la littérature.

— Le Figaro, ce supplément du Mercure, dit Rachilde.

6 janvier.

Vallette me dit :

— Je suis très heureux, et je vis en ménage comme un petit bourgeois à 1700 francs. Rachilde et moi, nous nous emboîtons bien, cérébralement. Nous sommes égaux. Le monde, je sais ce qui s'y passe, le mardi, et Dubus, ce Mercure du Mercure, m'apporte les nouvelles du dehors. Rachilde est une femme d'un esprit vraiment hors ligne. Elle ne sait pas le diriger, pratiquer la vie, voilà tout. Puis, elle a sa légende, que rien ne détruira. C'est au point que, dans L'Enquête de Huret, aucun de ses amis n'a parlé d'elle. Ils l'ont oubliée par lâcheté, simplement... Schwob se rend-il compte que sa nouvelle, La Peste, est dans Edgar Poe ? Est-ce là un curieux cas de réminiscence mêlée d'oubli ?

Je vois en vous deux Renard : le Renard de la notation directe, et le Renard de la déformation des types. Je ferai un article là-dessus, et, quand je l'aurai fait, ce sera fini. J'aurai dit tout ce que je voulais dire sur vous.

Gourmont subit deux grandes influences, celle de Villiers, et celle des mystiques latins. Il est d'ailleurs incapable d'expliquer ce qu'il fait.

Quand Minhar osera, on verra ; mais il a encore peur.

La bouche de Dubus : une bouche articulée pour fontaine publique, d'où sort un jet continu de paroles.

Personne ne lit le Mercure, personne des lecteurs vulgaires ; mais il est possible que le Mercure soit un jour une mode, et qu'on l'achète comme on va au Grand Prix.

— Dans La Cave de Bîme, me dit Vallette, la cave de Bîme est de trop. Vous avez été trop clair. Pauline devait faire le pari d'aller quelque part, jusqu'à la croix par exemple, une croix dont la réputation malfaisante serait excessivement vague. Il est évident que, si vous précisez le danger, le trouble est moindre, ce trouble si cher à Schwob !

Leclercq, poëte français.

— Moi, me dit-il, je voudrais avoir une attitude, être un monsieur qu'on définit en trois mots. Je voudrais vivre sans séparer les choses, les concentrer toutes. Je crois aux Idées, avec un grand I, au Désir, avec un grand D, en Dieu, parce que je le conçois. Je regrette qu'on ne porte plus d'épée au côté, et j'ai des rêves dramatiques. Vous ne nous suivrez pas, mais les jeunes hommes de demain seront pour nous. Ils vivront et, parce qu'ils voudront le bonheur, tout le bonheur, ils seront heureux.

Je fais un roman. Il n'est pas commencé, mais vous verrez ! Vous me prenez pour un Don Quichotte, mais je suis un Don Quichotte habile.

Opinion de Prévost sur moi, à Marcel Boulenger : « Un timide un peu fermé. » Il m'a vu une fois, une seconde ! « Du reste, tout à fait inférieur dans ses Sourires pincés, et qui tombera dans le journalisme. »

Je vis l'écaillère d'huîtres. Elle les vidait de leur eau de mer et y mettait un peu d'eau douce avec une pincée de sel. Le public aime mieux ça, me dit-elle.

Chaudes ! Chaudes ! les petites femmes.

Une tuile, une élégante ardoise.

Vivre dans sa tour de bois.

Bernot, marchand de vins : « Mon cher, il y a aussi un côté artiste dans notre métier : lire sur les physionomies. »

12 janvier.

Hier, au Gil Blas, Ajalbert m'attire dans un coin, et ses lèvres par instant collantes prises l'une à l'autre, me fait part d'un grand projet : un périodique fondé par Dentu et six d'entre nous : Ajalbert, d'Esparbès, Allais, Courteline, Schwob et moi. Comme j'espère bien que le projet tombera dans l'eau, je promets tout ce qu'on veut...

Écho de Paris. Jules Bois, François de Nion, Schwob...

— Je ferai, me dit Schwob, un article sur L'Écornifleur, long ou court, où je prouverai que vous êtes un mystique.

— Ce sera dur, dis-je.

À dîner, Schwob.

— Daudet nous a raconté ceci. Il dînait chez Victor Hugo. Naturellement, le grand poëte présidait, mais il était à un bout de table, isolé, et les invités peu à peu se retiraient de lui, allaient vers la jeunesse, vers Jeanne et Georges. Le poëte était presque sourd, et on ne lui parlait pas. On l'oubliait, quand tout à coup, à la fin du repas, on entendait la voix du grand homme à la barbe hirsute, une voix profonde, venue de loin, et qui disait : « On ne m'a pas donné de biscuit !... »

Léon Daudet, intelligent, avec des côtés inquiétants. Il part dans une conversation, ou file d'un coin de salon à l'autre comme s'il obéissait à un ressort.

— Je déteste, dit Schwob, les gens qui m'appellent « mon cher confrère », qui veulent absolument me mettre dans la même classe qu'eux.

Il dit encore :

— Baudelaire, dans une brasserie disait : « Ça sent la destruction. » – « Mais non, lui répondait-on. Ça sent la choucroute, la femme qui a un peu chaud. » Mais Baudelaire répétait avec violence : « Je vous dis que ça sent la destruction ! »

15 janvier.

Ces soirées chez Daudet ! Ce qu'on y entend de plus intéressant :

Goncourt : « Maupassant a du métier. Il réussit très bien la nouvelle normande, et encore y a-t-il dans Monnier des choses plus drôles que son Cochon de Morin. Mais ce n'est pas un grand écrivain ; ce n'est pas ce que nous appelons, nous, un artiste. »

Qui ça, nous ? Il répète : « Ce n'est pas un artiste », regarde autour de lui pour voir si on proteste, mais personne ne proteste.

Daudet : « Ce qui l'a tué, mon cher, c'est le désir de faire un livre de plus que les autres. Il se disait : Barrès a publié, Bourget, Zola ont publié, et moi, je n'ai encore rien publié cette année. Voilà ce qui l'a tué… »

La main de Goncourt a une douceur d'édredon humide.

À Paris, il y a des cafés où l'on ne sert rien aux femmes seules. Elles sont obligées de dire qu'elles attendent un homme, et les pauvres grues même sont gênées. Hier une actrice du Théâtre d'Art, au café Weber, qui attendait depuis des heures sur sa banquette avec une autre femme, a profité de notre sortie pour sortir aussi ; et elle a prié Schwob de faire le simulacre de la reconduire à une vague voiture.

21 janvier.

Schwob a une manière ingénieuse de prouver qu'il s'intéresse à une conversation : c'est de toujours faire répéter deux ou trois fois ce qu'on lui dit.

Un beau parleur, c'est un homme qui jongle très bien avec des boulets vides.

25 janvier.

Ah ! les grands jours de petits ennuis ! Le tire-bouton n'attrape aucun bouton, mes bretelles font vrille sur mon dos et ces loques, c'est mes chaussettes. Mes yeux renvoient les images, et tous mes sens ont mal. Je n'ai plus que le plaisir de dire des paroles dures à Marinette qui, de peur de m'agacer, n'ose pas faire un mouvement. Où est la corne ? Quant à ma cravate, depuis que je suis au monde je n'ai rien vu de plus grotesque que cette cravate-là. Et le poids de mes vêtements alourdis m'accable.

26 janvier.

Aujourd'hui, tête en ciment, cervelle de plâtre. Pas pu écrire une ligne. Je crache nègre. Je rends du noir comme une seiche. Rien ne m'arrive, ni lettre, ni visite, ni mon travail. Une traite, même, que j'attends, ne vient pas. Et toujours ce petit battement à fleur de peau dès que mon vêtement me touche trop. Devant moi, sur un balcon, une vilaine petite négresse qui secoue des tapis. Pourquoi ne retourne-t-elle pas sa peau, sa peau de soulier mouillé qui ne veut pas reluire ? J'attends l'inspiration, comme une pompe. Imiter la nature, je veux bien, mais qu'elle commence !

27 janvier.

Il faut que l'homme libre prenne quelquefois la liberté d'être esclave.

Mot d'un riche à un pauvre.

— Tenez, mon ami, voilà un morceau de pain.

Il n'y a que le pain dont on ne se dégoûte pas.

30 janvier.

Schwob me dit que Forain est enthousiasmé par L'Écornifleur, et que cela laisse loin derrière, comme cruauté, Bouvard et Pécuchet, pas comme talent, bien entendu. Oh ! il n'est pas question de talent. Il n'en a pas été parlé.

Certaines gens voient comme si leurs yeux étaient au bout d'une perche, très loin de leur cerveau.

Schwob a commencé son journal. Il me lit. Je retrouve, mais rédigées, des choses déjà notées par moi.

Rencontré Goncourt chez Ollendorff. Sa figure nous paraît plus fatiguée, comme mâchouillée par le temps. Il affecte, en parlant, de ne s'adresser qu'à Schwob. Il parle de son Journalqui lui attire des ennemis, surtout quand il veut être aimable ; mais c'est fini : le reste paraîtra après sa mort, dans trente ans, mettons vingt.

— C'est à vous tuer !

— On en arrivera là, dit-il, surtout quand l'homme de lettres gagnera de l'argent.

— Ce qu'il faudra faire, dis-je, c'est la description de soi-même, comme vous faites celle des autres.

— Comment procédez-vous ? demande Schwob.

— Mon frère et moi nous écrivions, le soir, avant de nous coucher, ce que nous avions entendu dans la journée. Dame ! il fallait veiller.

Je n'ai pas dit non plus mes idées politiques, mais j'ai une politique très curieuse.

— Que de confessions la vôtre va nous attirer ! dit Schwob.

— Oui ! Jusqu'à Gaston Jollivet que je viens de rencontrer, et qui m'a dit : « C'est drôle, votre Journal. Moi, je vais commencer le mien. »

L'Écornifleur va paraître, et Gloriette me dit qu'elle a rencontré... Mme Vernet. Il paraît qu'elle a engraissé et qu'elle ressemble à une boule. Toujours coquette mise à la dernière mode. Sa fille lui vient à l'épaule.

Préface de L'Écornifleur,

Je supporterais volontiers l'homme qui me dirait : « Regardez ! J'ai une belle barbe blonde. » Mais je ne peux pas souffrir l'homme qui me dit : « Vous savez, moi, je suis honnête. » Je sais que vous commettez, comme moi, au moins une indélicatesse par jour.

Je crois, tantôt à rien, tantôt à tout.

Je répondrai à ceux qui me demanderont pourquoi cette préface n'est pas en tête du livre : « Le roman, imprimé comme il l'est, a déjà trois cent douze pages. Ça aurait fait trop gros. Je n'ai pas d'autre raison à donner. »

Qu'est-ce qui nous sauvera ? La foi ? Je ne veux pas avoir la foi, et je ne tiens pas à être sauvé.

Peut-être la guerre rarrangerait tout, mais, si je reçois une balle, tout, en effet, sera arrangé, et, si je ne reçois rien, il m'aura été inutile de me déranger.

Le Journal des Goncourt a fait un grand mal. Il semble que Barrès l'ait empiré. Il ne nous reste qu'à recommencer en exagérant.

On a voulu faire joli, puis féroce.

Féroce : des hommes-lions, tigres. Comme c'est drôle ! Nous n'avons pas même la bêtise des bêtes.

J'aimerais mieux ma famille, si elle avait commis un grand crime que je pourrais étudier ; mais, si j'avais commis le crime moi-même, alors, le bonheur de ma vie serait assuré.

Poseur ? Pourquoi ?

Ce n'est pas ma faute.

Ce livre froissera beaucoup de gens. Il m'a froissé moi-même, comme si mon âme eût été en papier. Je m'imagine que je n'ai pas été sincère. J'ai trop voulu l'être pour avoir réussi.

Des amis s'y reconnaîtront. Je pense que j'ai dit assez de mal d'eux pour les flatter.

Et puis, on vous dit : « Regardez la vie ! »

J'ai regardé, moi, les gens qui vivaient.

Après tout, je ne tiens pas à avoir vu juste. Avais-je les yeux sous verre ?

Il me semble que, bien lancé, j'écrirais la psychologie d'un chien, celle d'un pied de chaise. J'ai évité l'ennui.

Nous sommes tous de pauvres imbéciles (je parle pour moi, bien entendu), incapables d'être deux heures de suite bons ou méchants.

Si on avait le courage de se tuer !... Au fond, on n'y tient guère.

Le devoir ?... Ah ! non, laissez-moi tranquille.

Tout cela est banal.

1er février.

Schwob me dit : « Vous serez superbe quand vous serez chauve. »

4 février.

Il se prenait la tête par la nuque et la secouait sur la page blanche comme pour y faire tomber les mots pas mûrs, difficilement détachables.

6 février.

N'être pour soi pas trop sévère, et n'exiger des autres que la perfection.

9 février.

Darzens raconte :

— Huysmans, invité chez Caze la veille du duel, faisait une théorie purulente sur tous les plats, sur le pain sans farine, etc. Mme Caze était désolée. Huysmans s'en aperçoit tout à coup et termine : « D'ailleurs, madame, c'est bien meilleur que si c'était vrai. »

12 février.

Il n'y a qu'une chose qui me gênerait : c'est mon propre mépris ; mais, matériellement, je ne peux pas me cracher à la face.

15 février.

On peut être un méchant cérébral ; on ne doit être bon que de fait.

M. Buchotte père. Parle de sa maladie, de son ennui, de sa vie passée quand il était instituteur, qu'il gagnait 600 francs, plus 25 comme chantre, plus 40 comme secrétaire de la mairie, de son passage dans une meunerie où il y avait une meule de 15 mètres de diamètre, de sa femme qu'il a attendue trois ans.

— Nous nous étions dit que nous serions l'un à l'autre. Voyez-vous, c'est le sentiment. Ses parents voulaient lui faire épouser un agriculteur. Elle a préféré venir avec moi. Je ne pense pas qu'ils s'en soient repentis.

Mme Buchotte a la passion de son ménage. Elle chasse le grain de poussière, et en oublie de préparer le dîner.

— Ma belle-mère, elle, a la manie des noyaux de pêches. Quand elle en a mangé une belle, elle va tout de suite en planter le noyau. Il y a des pêchers partout. Elle a aussi la manie des citrouilles et des choux, mais elle ne sait pas les planter, et elle croit que, plus elle en sème, et plus il en vient. Il faut que j'en arrache dès qu'ils sortent de terre. Moi, je taille mes arbres. Je les dirige. Je les pince. Je vois pousser les jeunes boutures, et, quand je mange un fruit à table, je peux dire : « Voilà un fruit que je connais. » J'en offre à ma belle-mère. Elle n'en veut pas, mais, quand ils sont tous mangés elle dit : « Eh ! ben, où donc qu'ils sont, les fruits ?

Je n'en ai pas goûté, moi ! »

« Si j'étais en bonne santé, j'irais de droite et de gauche dire bonjour aux vieux amis que je suis resté longtemps sans voir, mais je mangerai bientôt les pissenlits par la racine. »

Il garde son chapeau à cause des rhumes, l'ôte souvent par politesse, et le remet tout de suite par prudence.

16 février.

Marcel l'Heureux se présente à moi. Jeune vieillard effaré, engoncé dans son pardessus, gelé par la (ou sa) littérature.

17 février.

Je disais à Albert que mes affaires marchent.

— Ah ! moi je pousse aussi, dit-il. Me voilà membre du Grand Cercle, et j'espère être bientôt membre du Tribunal de commerce.

18 février.

Quand il se regardait dans une glace, il était toujours tenté de l'essuyer.

22 février.

Schwob raconte :

— Mendès a dit devant témoins : « Je trouve L'Écornifleur très bien. Il faut que nous ayons Renard parmi nous. Reproduisez un chapitre dans notre Supplément. »

Moi : « Quel homme de talent, tout de même, que ce Mendès ! »

23 février.

Le geste embarrassé du monsieur qui a, entre le pouce et l'index, quelque chose venant du nez.

Haraucourt ayant fait du potin à la première de Germinie Lacerteux, Goncourt s'écria : « Oh ! moi qui lui trouvais tant de talent ! »

25 février.

Ça me ferait tant plaisir d'être bon !

29 février.

… Nos « anciens » voyaient le caractère, le type continu… Nous, nous voyons le type discontinu, avec ses accalmies et ses crises, ses instants de bonté et ses instants de méchanceté. Cette prétention de faire vrai, qu'ont eue tous les grands écrivains, nous l'avons plus forte de jour en jour. Mais approchons-nous de la vérité ? Demain ou après-demain nous serons faux, et ainsi de suite, jusqu'à ce que cet univers soit las d'être inutile.

3 mars.

On raconte devant Alphonse Allais que certains poissons vivent à de telles profondeurs que la lumière ne pénètre pas jusqu'à eux.

— Et même, dit Allais, il leur pousse des visières vertes, un bâton à une nageoire, une besace sur le dos, et ils sont conduits par des petits chiens de mer.

4 mars.

Petites aménités rapportées sur L'Écornifleur.

— C'est le livre d'un mufle. – C'est une insulte à tout ce qui est honnête. – Daudet : Où voit-on des femmes raccommoder des caleçons devant les jeunes hommes –

Goncourt : Mais, au contraire ! C'est très bien – France à Schwob : Je trouve le livre admirable, mais comment voulez-vous que j'en parle à mes lecteurs !

Petite pique, hier, entre Schwob et moi, Schwob ne voulant pas que je reçoive les gens que je veux :

— Quand il y a un tiers entre vous et moi, ça vous rend méchant, et moi aussi.

7 mars.

Schwob use le plus rarement possible de plume. Elles sont sales, comme trempées dans du cambouis, « mais » dit-il, « la plume qui ne va pas nous oblige à penser avant d'écrire ».

9 mars.

Hier, dîner de La Plume. Rares, les figures intelligentes d'hommes intelligents. Des laideurs étudiées comme des têtes de cannes. L'effroyable Verlaine : un Socrate morne et un Diogène sali ; du chien et de l'hyène. Tout tremblant, se laisse tomber sur sa chaise qu'on a soin d'ajuster derrière lui. Oh ! ce rire du nez, un nez précis comme une trompe d'éléphant, des sourcils et du front !

À l'entrée de Verlaine, un monsieur, qui se prouva imbécile quelques instants plus tard, dit

— Gloire au génie ! Je ne le connais pas, mais gloire au génie !

Et il bat des mains.

L'avocat de La Plume s'écrie :

— La preuve qu'il a du génie, c'est qu'il s'en fout.

Puis on apporte un peu de charcuterie à Verlaine qui rumine.

Au café, on le tire avec des « Maître », « cher Maître » mais il est inquiet, et demande ce qu'on a fait de son chapeau. Il ressemble à un dieu ivrogne. Il ne reste de lui que notre culte. Sur une ruine d'habit – cravate jaune, pardessus qui doit être en plus d'un endroit collé a sa chair –, une tête en pierre de taille de démolition.

Cazals ; Lamartine enfant qui viendrait de faire joujou dans un ruisseau avec des choses pas propres. Un bout de dentelle lui pend au cou. Une voix pâteuse, et des mains molles qu'il faut rassembler par une poignée de main. Il me dit :

— Venez donc, que je vous chante les pieds de Péladan, pour vous !

Mais j'ai bien autre chose à faire. Et puis, ça me semble si drôle, comme hommage sympathique, de me chanter les pieds de Péladan !

Charles Buet : le catholicisme en graisse et en crasse.

Son fils, un jeune homme très bien, qui a une bague, et qui est heureux d'avoir ses entrées dans les coulisses de la littérature.

Deschamps prononce mon nom. Aussitôt Scholl se lève, vient à moi et me dit, avec compliments abondants :

— Hier, j'étais dans la loge de Félicia Mallet. Elle lisait votre livre. Elle m'a dit : « Mais lisez donc ça, c'est admirable ! » Et je suis de son avis. Et puis, vous avez renouvelé un mot. Il va rentrer en circulation.

Savez-vous que j'ai dû le chercher dans le dictionnaire ?

Je dis : « Oui ! Oui ! Maître ! Maître ! » Et tous les regards fixés sur moi sont des flèches de plomb.

On chante, et tous les mac-nabêtis défilent. C'est assommant, à la fin, cette mode de scier du lard gravement.

Deschamps dit :

— Si vous croyez que ça m'amuse !

Et ce dîner. Les mains noires du garçon, les choses noires des assiettes, ce gigot laineux mangé dans des soucoupes... Willy va faire des provisions chez le charcutier voisin. C'est drôle ! Seulement, il ne les mange pas, et les saucissons brandis ne sont que prétextes à clameurs...

En revenant avec Rachilde, nous parlons de ce cerveau incompris, méconnu, qu'elle est, et de notre stérilité. Étrange ! Il est tel livre qui nous semble beau, pour lequel nous avons du goût, dont la lecture nous séduit, et cependant nous ne voudrions pas l'écrire. Parce qu'il est inutile d'écrire ces choses-là ? Bien étrange !

— Alors, dit Remâcle, vous croyez que la femme est simple ?

— Mais oui ! Je voudrais faire, dis-je, un livre où la femme serait présentée comme un être simple, en opposition avec la femme-labyrinthe de ces dernières années littéraires.

La morale du dîner, c'est que le restaurateur s'est aperçu qu'au moins seize d'entre nous n'avaient pas payé.

— C'est beau, le génie ! dit Dubus. Ça donne le droit d'être un cochon, et d'imposer ses vices et ses poux. On trouve ça naturel.

Ah ! parmi nos petites gloires lumineuses, que de bouts de chandelles !

Les yeux de Verlaine comme écrasés sous la pierre du front.

14 mars.

Est-ce que le fils de Verlaine ressemble à Rimbaud ?

Vallette raconte qu'étant tout petit, par excès de trouble, il essuyait ses pieds en sortant de chez les gens.

On demandait à Verlaine :

— Maître, par où avez-vous le plus péché ?

Il ne répondit pas, mais il leva l'index et le retourna la pointe en bas, dans une direction « parlante ».

— Il y a dans Verlaine, dit Schwob, un honnête homme, un citoyen, un patriote, qui croit à l'utilité de sa vie, dit : « Moi, j'ai donné de la gloire à la France », et voudrait être décoré.

15 mars.

Analyser un livre ! Que dirait-on d'un convive qui, mangeant une pêche mûre, en retirerait les morceaux de sa bouche pour voir ?

19 mars.

Mendès me demande où j'en suis du roman que j'ai promis ; je réponds que je n'ai pas fini, et Courteline que je n'ai pas commencé.

Étendu sur un divan, Mendès m'exhibe et me promet de reproduire L'Écornifleur dont Henry Simond me fait des compliments. Schwob se sauve. J'ai bien envie d'être ailleurs...

21 mars.

Snobisme. Ils sont tous les deux, n'ont pas d'enfants, veulent en adopter un qu'ils sont en train d'idiotiser. À table, il n'a pas le droit d'avoir envie de pisser. La phrase qu'il a le plus entendu, c'est : « Georges, ne fais donc pas ça ! » Il gâterait son costume de 80 francs.

En tête à tête, Monsieur veut que Madame dîne en robe à queue, décolletée, avec des fleurs au sein. Il a aussi, sur l'avenue du Bois, la préoccupation que son cheval ne se laisse pas dépasser. Il y réussit et, le reste de la journée, il en demeure « tout raide ».

J'ai envie de faire une monographie de la taupe.

Et sa bosse qu'on eût prise pour le carton de son chapeau.

26 mars.

Il voudrait donner à manger aux mots dans le creux de sa main.

30 mars.

Un mot de Gabrielle Rachilde. Elle appelle une meringue : un gâteau à la coque.

C'est tout de même drôle que je ne puisse pas lire sans bâiller deux pages de Thackeray, dont j'ai l'humour, paraît-il.

1er avril.

Renoncer absolument aux phrases longues, qu'on devine plutôt qu'on ne les lit.

2 avril.

Aperçu Baju : une réduction de sa légende.

Il a pour lui l'éternité, montre en main.

4 avril.

Ce qui lui ferait plaisir maintenant, c'est une aventure d'amour.

Écrire un « chant » entre deux amants, où ils ne diraient pas : « Je t'aime. »

5 avril.

Le moment est venu de se fatiguer des cris des littérateurs contre la littérature. N'en faites pas, c'est simple !

Peindre sur toiles d'araignée.

6 avril.

La formule nouvelle du roman, c'est de ne pas faire de roman.

Je rencontre Steinlen sur les boulevards. Il me dit qu'il a une petite fille de trois ans. Au milieu de la foule nous parlons gravement, en bons pères de famille, nous finissons par nous dire que l'enfant moralise, dans le bon sens du mot.

Entré dans une boutique d'horloger où deux cents pendules chantaient, toutes ensemble, mais pas avec ensemble, leur tic-tac, tic-tac. Les idées du bonhomme devaient être toutes dans un petit coin de son cerveau chassées par le bruit, rentrées comme des cornes d'escargot.

Il faut dompter la vie par la douceur.

7 avril.

Faire un article sur le Lotisme.

Cent mille âmes, combien cela peut-il faire d'hommes ?

Oscar Wilde déjeune à côté de moi. Il a l'originalité d'être Anglais. Il vous donne une cigarette, mais il la choisit lui-même. Il ne fait pas le tour d'une table : il dérange une table. Il a une figure pétrie avec de petits vers rouges, de longues dents avec des caves de Bîme dedans. Il est énorme, et il porte un jonc énorme. Schwob a de minces mèches de fouets rouges dans le blanc des yeux. Wilde dit :

— Loti a imprimé ses aquarelles. Mme Barrès est laide. Je ne l'ai pas vue. Je ne vois pas ce qui est laid. Je sais la manière de travailler de Zola, oui : des documents. Un jour, un de mes amis lui en a apporté deux wagons. Zola se frotte les mains, termine son livre, mais mon ami lui en apporte encore trois wagons : Zola dut coucher dehors. Trois cents pages sur la guerre ! Un de mes amis revenant du Tonkin me disait : « Quand nous étions vainqueurs, nous avions l'air d'enfants qui jouent à la balle ; vaincus, nous avions l'air de joueurs qui jouent dans une mauvaise auberge avec de sales cartes. » Ça m'en dit un peu plus long que La Débâcle !

12 avril.

Le document. Zola, pour écrire La Terre, prenant une voiture à l'heure et se faisant promener par la Beauce.

Phrase entendue.

« Je suis fils de pharmacien, c'est vrai, mais je m'occupe de littérature et d'art. J'ai même des bibelots rares chez moi. En un mot, je tâche de me rendre la vie aussi agréable que possible, et je ne rougis pas de mon père. »

15 avril.

Il a vingt-quatre ans, il est riche. Il est professeur de langues orientales à l'Institut. Il se lève à trois heures du matin, et, quand sa tête éclate sur des hiéroglyphes, la bonne a l'ordre de lui envelopper le front dans un linge imbibé d'eau fraîche.

Il relisait une de ses pages enfantines. Tout à coup, par un miracle que lui avait gagné sa longue vie de travail, il aperçut le petit gosse qui l'avait écrite, cette page. Il l'embrassa sur sa joue piolée où tombait un mèche de cheveux roux.

— Mais comment pouvez-vous l'embrasser, puisqu'il n'est pas là ?

— Oh ! Vous voudriez bien me gâter mon plaisir et éclaircir ce qui se passe de clarté. Je ne sais pas si le petit est là, mais je sais que je l'embrasse de tout mon cœur.

Pourquoi, en latin quotquot ne signifie-t-il pas le chant d'une poule ?

20 avril.

Le brave homme qui invite à venir voir « son groseillier » dans son jardin de banlieue.

— Vous n'avez que celui-là ?

— Oh ! il mangeait les autres.

21 avril.
Sur moi l'ennui étend ses branches.

23 avril.
Chaque homme dans une discussion est nombreux comme les grains de sable de la mer.

Ce sont des écrivains qu'on ne reconnaît pas, qui n'ont pas de nez au milieu de la figure.

26 avril.
Un livre nous déplaît partout où il nous ressemble.

30 avril.
L'ironie est la pudeur de l'humanité.

Raffet. Désillusion. Je m'attendais à des effets grotesque grandiose. Or, le grotesque, chez lui, c'est dessin manqué. Il s'ignore. Le reste : photographie de grandes manœuvres.

2 mai.
Il s'agit, quand on est avec un peintre, de s'arrêter devant chaque arbre, de demander : « Comment voyez-vous ça ? Bleu, vert, violet ? » et d'ajouter : « Moi, je vois ça bleu. »

Surtout si on le voit vert.

— Georges Lorin, dit d'Esparbès, avait un petit jardin en zinc sur sa fenêtre : il l'époussetait tous les matins.

Il y a une fortune à réaliser : étudier l'œil du hibou et en faire un semblable qui permettrait de voir, la nuit.

Hier, à Saint-Cloud, des couples s'enlaçaient. D'autres couples les regardaient, riaient, et allaient se poser un peu plus loin.

Dans un décor grandiose, sur un des escaliers de verdure, de la terrasse qui monte en face des ruines, un joli couple, une petite femme à tête frisée, un jeune homme adroit, se faisaient l'amour en gestes. Cent cinquante personnes échelonnées s'allumaient à les voir, et des gens très bien boutonnaient leur pardessus, tandis que les jeunes filles suivaient le couple en ébats, graves, sérieuses, un peu pâles.

Ce tableau nous cassait les jambes, et nous étions obligés de nous coucher dans l'herbe, de chercher des trous frais de grillons. Au loin, Paris montrait ses dés à jouer. Des arbres bien équarris montaient et se perdaient dans le ciel. Le jeune homme et la jeune femme s'aperçurent de l'attention, mais, point troublés, ils continuèrent de jouer.

On entendit une serinette et une voix délicieusement fausse qui chantait : « Sylvain m'a dit : Je t'aime. » Un monsieur tenait sur son ventre un gros bouquet blanc. Une femme prit une lorgnette et s'en servit comme au théâtre. Quand on détournait la tête, on voyait les ruines où tant de nuits d'amour avaient si rapidement passé !

Ils prenaient la coiffure l'un de l'autre. Nous disions tous : « C'est le printemps ! C'est le printemps ! » Et, pour nous moquer de notre mélancolie : « Non ! C'est le gouvernement qui paye ce couple pour attirer les bourgeois. Il faut profiter de cette heure de tendresse, car, demain, nous serons sérieux et froids. »

Les mères dont on agaçait les filles boudaient et ne trouvaient point convenable de ne pas pouvoir prendre part à leurs courses.

C'est une tendresse d'occasion, une fausse tendresse. Jamais les femmes ne nous avaient à ce point manqué. Pour nous divertir, nous essayions de monter jusqu'au haut de la terrasse en dragueurs, d'un pied, mais nos jambes molles se dérobaient : il fallait toucher.

Nous avions des brins d'herbe dans les dents.

Nous apportez-vous des solutions d'Au-delà ? Non ? Alors, laissez-nous. Pensez-vous que vous pouvez en trouver ? « Oui. » Vous ignorez donc les limites de votre intelligence. Ne savez-vous pas qu'on ne peut que pleurer sur la mort ?

Et le chien se retira de la chienne comme une carotte rouge d'un pot de graisse.

4 mai.

Elle désirait connaître le prénom de Ravachol.

11 mai.

Schwob raconte :

— J'avais à l'hôpital, devant moi, un agonisant qui, toute une heure avant sa mort, faisait un large signe de croix en disant : « J'ai peur ! J'ai peur ! »

Byvanck, un homme d'une honnêteté carrée :

— J'ai remarqué, Renard, dans vos manuscrits, fréquent désir que vous avez de vous noyer.

— Je n'en suis encore qu'à la pêche à la ligne.

— L'Écornifleur, dit Byvanck, est un livre nécessaire.

— Voilà une épithète, dit Vallette, que nous n'aurions pas trouvée. Pour moi, c'est un livre d'humour.

— Non pas ! répond Byvanck. Je trouve qu'il rappelle plus Molière que tel pince-sans-rire anglais. Comme Tartuffe, L'Écornifleur, fait rire avec des incidents tragiques.

12 mai.

Oh ! ces retours de courses au bois de Boulogne, figures tristes, ces cochers blêmes, ces gens qui se dévisagent sérieusement, sans un mot, enfoncés dans leurs voitures, la main du cocher qui se lève pour prévenir le cocher qui suit ! Les chevaux sont les plus gais en agitant la tête.

Les vieux qui ont leurs filles pour maîtresses. Et grues ! Ces gens reviennent de s'amuser.

Dans une noce, une bonne femme polie dit au cocher qui vient lui ouvrir la portière et abaisser le marche-pied :

— Non, après vous, s'il vous plaît. Je n'en ferai rien.

Elle ne veut pas descendre avant le cocher !

13 mai.

Un mot de Verlaine au dîner de La Plume.

— Je voudrais bien offrir un cadeau à ma petite.

— Quel ? dit Deschamps.

— Des pommes nouvelles.

— Je vais dire au chef qu'il vous en mette quelques-unes dans un cornet de papier,

Verlaine, quelques instants après :

— Au fait, non. La petite les mangerait.

Un mot de mère. Elle a un bébé de trois ans.

— Ses costumes me coûtent un peu cher, c'est vrai mais il porte si bien la toilette !

Ne jamais rien faire comme les autres en art ; en morale, faire comme tout le monde.

14 mai.

S'il suffisait de se coller un timbre rare sur le dos pour se retrouver à l'étranger !

18 mai.

Rosny : trente-six ans.

— La petite chose niaise qu'est le symbole, qu'on nous cache avec tant de soin ! Maintenant, on apprécie les petits jeunes gens, non parce qu'ils ont du talent, mais parce qu'ils cherchent « le problème de la destinée » !

Nous descendons de voiture.

— Je ne cherche pas dans ma poche, Renard, parce que je me rappelle les « trois » du Mercure. On trouve ma langue embarrassée, mais on ne sait pas que je me retiens. Quand j'ai à décrire un nuage, je fais effort pour n'employer que cinquante mots, car j'en ai deux cents à ma disposition Dans Les Corneilles, qui est un sujet de pendule – mais j'aime les sujets de pendule –, j'ai dit « la lune dichotome » pour ne pas dire « la demi-lune », ce qui est une image dégoûtante.

— Oui, dis-je. Mais je voudrais vous voir descendre jusqu'à mon ignorance.

— Huysmans, avec qui je suis brouillé, n'a pas d'intelligence, mais j'avoue qu'il a bien rendu ses indigestions. Barrès aussi : c'est l'élève de Huysmans. Seulement, il a déposé ses indigestions est a raconté les petites merdes de son âme… Ah ! les fictions ! Quand on pense que des gens ont été cuits dans des fours à cause de l'Agneau ! Les uns disaient : « Le vrai est à Londres. » D'autres répondaient : « Non ! Il est à Berne. » Les Anglais disent : « Ah ! oui, les Français qui aiment leur petit ruban ! » Et ils s'écrasent pour une reine qui est une horreur de cuisinière, et ils se lèvent quand apparaît le petit prince de Galles qui est une horreur d'homme. Si nous avons des fictions, qu'elles soient au moins en beauté !

« Vous, Renard, vous avez une tête de dolichocéphale (et il me palpe le crâne, et je crois qu'il me prend la mesure d'un chapeau). Vous êtes de la série des Sterne, et Schwob de la série des Hoffmann.

« Tous ceux dont le regard me gêne, qui m'empêchent de parler, qui me paralysent, deviennent fous. Jean Lorrain est un de ceux-là. On ne sait pas comment il finira. D'ailleurs, il lui pousse à chaque instant, en divers endroits du corps, des tumeurs étranges.

« Mes légendes. Pour les uns, je suis un ancien prince, pour les autres, un ouvrier qui apprend à écrire – j'ai déjà vingt-cinq ans d'apprentissage –, pour d'autres, un communard.

« J'ai le front fuyant, mais il y a deux sortes de fronts qui fuient : ceux qui fuient tout de suite, et ceux qui fuient parce qu'on a un renflement des arcades sourcilières, et c'est mon cas.

« Rosny est un pseudonyme : Henri-Joseph Rosny. J'ai dû le prendre quand je fréquentais les réunions d'ouvriers… Depuis deux ans mon frère travaille avec moi. J'ai des distractions (il mange sa soupe, et depuis quelques minutes, tient sa cuiller en l'air, toute pleine), mais j'en ai la mémoire, et longtemps elles me travaillent.

« Barrès a du talent, mais il lui a manqué la tranche de résistance, le bon morceau dont il se serait nourri pour son œuvre.

« Quant au petit Renan, n'en parlons pas.

« Anatole France est un écrivain distingué qui croit que Thaïs renferme un symbole, et Jules Lemaître refait ce qu'a fait Anatole. »

Le signe de nécessité dont des gens comme Zola, Goncourt, Daudet, voudraient marquer leur œuvre.

Un relieur qui se donnait beaucoup de mal pour effacer les dédicaces des livres. Il les considérait comme des taches.

19 mai.

« Les affaires avant tout », lui dit-elle.

L'artiste est celui dont le goût va plus vite que le talent.

31 mai.

Et nous voudrions encore sur les boulevards éprouver la joie de tout le monde.

Un cœur de vingt-cinq couverts.

Il n'avait plus de mémoire, et, chaque matin, il s'éveillait sans souvenirs, jeune comme une feuille verte.

2 juin.

Les paysans disent : « Il y a tout ce qu'il faut dans notre pays. » Mais il ne leur faut rien.

11 juin.

Le talent, c'est comme l'argent : il n'est pas nécessaire d'en avoir pour en parler.

J'ai déjà des ennemis parce que je n'ai pas pu trouver de talent à tous ceux qui m'ont dit que j'en étais plein.

Il lui offrit une petite boîte qui s'ouvrait et se fermait d'elle-même, comme une enquête.

Il est sorti de son caractère en emportant la clé.

À une bonne : « Vous dormez trop, ma fille. Vous dormez autant que moi. »

Il m'invita à déjeuner et me dit :

— Nous irons au bouillon Duval. Nous irions bien chez Durand, mais ce n'est pas la peine que je vous jette de la poudre aux yeux.

Ça ne prendrait pas, avec vous.

Mélancolique comme une bûche de bois qui brûle.

Quand je pense que, si j'étais veuf, je serais obligé d'aller dîner en ville !

Les girafes qui font croire au diable.

Des sourires qui sont comme de vilains éclairs de ciels très chargés.

Le courage de dire au coiffeur : « Je ne veux pas de votre cosmétique. »

L'argent de la lune a perdu de sa valeur.

14 juin.
La personnalité d'une goutte d'eau.

28 juin.
Ceux qui aiment la campagne, et qui disent galamment : « Dame Nature. »

— La Débâcle, dit Schwob, c'est de temps en temps de l'assez bon Reibrach.

29 juin.
Auriol : « À Malakoff, je partis comme un chat, j'arrivai comme un lion. »

30 juin.
Qu'est-ce que ça prouve, le succès ? Faut-il donner les noms des hommes incompris, des pièces tombées, des livres dédaignés ?

— Et puis, vous aurez peut-être du talent, un jour.

5 juillet.
Il lisait un livre. Il voulait être célèbre comme l'auteur et, pour cela, travailler de l'aube à la nuit ; puis ayant pris fermement cette résolution, il se levait, allait se promener, faire un tour, souffler.

9 juillet.
Écrire avec des mots recuits.

11 juillet.
Remplacer les lois existantes par des lois qui « n'existeraient pas ».

En morceaux, en petits morceaux, en tout petits morceaux.

Comme d'autres cherchent à se donner un front, Barrès coupe le sien en deux au moyen d'une mèche qui va de gauche à droite.

Être clair ? Nous sommes si peu capables d'effort pour comprendre les autres !

Chercher des Mémoires où l'auteur ne prenne pas toujours à tâche de passer pour indépendant.

12 juillet.

Quand elle avait pris ses belles résolutions d'économie, elle commençait tout de suite par refuser aux pauvres.

« Eh ! bien, monsieur, qu'est-ce que dira mon mari quand je lui répéterai ce que vous me dites ? Car il faudra que je le lui répète. »

Des bras trop courts, et une poitrine si forte, pour se laver les mains.

13 juillet.

C'est épatant, ça ! Dire que jamais un homme ne s'est suicidé pour moi !

Il lui semblait que le bouchon de sa ligne était le monde.

— Voulez-vous que je vous dise ? Eh ! bien, votre originalité vous tuera.

— C'est bien possible.

À vingt ans on pense profondément et mal.

Elle pâlit comme une feuille qui se retourne.

L'art de se faire des rentes avec son désintéressement.

Les escargots au cou de girafe

Des pommiers coiffés de blanc comme des chefs de gare.

Libera nos ab Hector Malot.

Heureux les gens qui peuvent dire : « Je vais à la Banque de France ! »

Quand nos confrères ne sont pas là et que nous lisons du Musset, nous nous sentons tout de suite émus. À la vérité, si l'on y regarde de près, ces vers paraissent mal faits, et loin de la perfection moderne. C'est donc quelque chose de bien nuisible, que la forme.

16 juillet.

On lui avait dit qu'une écriture montante était un signe d'avenir, et il signait de la cave au grenier.

20 juillet.

Le Racine sur la table de Verlaine.

— Un matin, dit Schwob, je suis allé chez Verlaine, dans une auberge borgne. Inutile de vous la décrire. Je pousse la porte.

Il y avait un lit moitié bois, moitié fer, un pot de chambre en fer plein de choses, et ça sentait mauvais. Verlaine était couché. On voyait des mèches de cheveux, de barbe, et un peu de la peau de son visage, de la cire d'un vilain jaune, gâtée.

— Vous êtes malade, Maître ?

— Hou ! Hou !

— Vous êtes rentré tard, Maître ?

— Hou ! Hou !

« Sa figure s'est retournée. J'ai vu toute la boule de cire dont un morceau, enduit de boue, la mâchoire inférieure, menaçait de se détacher.

« Verlaine m'a tendu un bout de doigt. Il était tout habillé. Ses souliers sales sortaient des draps. Il s'est retourné contre le mur, avec ses : Hou ! Hou !

« Sur la table de nuit il y avait un livre : c'était un Racine. »

Schwob me dit encore :

— Demandez donc à Barrès la mort d'Hennequin. Il aime à la conter. Elle enseigne, dit-il, qu'Hennequin était une âme chaste, pourquoi Odilon Redon fait de mauvais dessins, et que Mme Hennequin avait un cœur à l'antique.

Hennequin voulant se baigner dit à Redon :

— Vous ne me regarderez pas.

— Je ne regarde jamais ce qui est nu, répondit Redon.

Il tourna le dos et demeura longtemps immobile.

Cependant Hennequin se noyait.

Quand on rapporta son corps à la maison, Mme Hennnequin dit :

— Voilà une fleur coupée.

25 juillet.

Il est sourd de l'oreille gauche : il n'entend pas du côté du cœur.

Des arbres taillés en caniche.

Au banquet de la Plume, présidé par Zola, Retté lui disait :

— Je vous tends la main. Nous sommes ennemis, mais je vous tends la main.

Et Zola répondait :

— Moi, je vois ce que vous voulez faire. Je le ferai moi, quand j'aurai fini mes Rougon.

Et Retté reprenait :

— Je ne crois pas.

L'immoraliste.

Il pousse de l'herbe à mon porte-plume.

Une peau d'arbre.

Toute sa vie il ne fit que couver.

Il ne coupait pas son blé, de peur d'abîmer les marguerites.

26 juillet.

Il avait une petite perruche, grosse comme un serin qui venait à table sur son épaule et lui mangeait les cheveux. C'est ainsi qu'il devint chauve.

27 juillet.

L'incompréhensible dit toujours : « Mais tu ne comprends donc rien ! »

Les feuilles mortes du style.

3 août.

Il n'y a plus de place que pour les œuvres de pure imagination, avec un héros de génie, très fort à l'épée, au cheval, au canot, etc., une sorte d'OEil-de-Faucon pour ville.

Si l'inspiration existait, il faudrait ne pas l'attendre ; si elle venait, la chasser comme un chien.

Y aurait-il moyen de reprendre Les Cloportes en style direct. Je dirais : « Mon père, mon frère, ma sœur ». Je serais un personnage d'observation : je ne jouerais aucun rôle, mais je verrais tout. Je remarquerais que le ventre de la bonne grossit. Je dirais : « Qu'est-ce qui va se passer ? » J'observerais les têtes. Je dirais : « Pan ! Voilà que maman veut mettre la bonne à la porte, maintenant ! » Greffer l'histoire de Louise sur l'histoire d'Annette. C'est moi qui fournirais les accessoires. Ce seraient les souvenirs d'un enfant terrible. Je dirais « J'ai reçu une calotte, mais j'ai bien ri. » Faire très gai de surface, et tragique en dessous. Ma mère ne s'aperçoit de rien. Elle bavarde tant !

J'aurais ainsi Poil de Carotte, ou l'enfance, les Cloportes, adolescence, et IL'Écornifleur, vingtième année. En faire une satire intime. Je fais Ksss ! Ksss !

J'ai au cœur comme le reflet d'un beau rêve dont je ne me souviens plus.

5 août

Un instant supposez-le mort, et vous verrez, s'il n'a pas de talent !

Je vous croyais mort ! Enfin, ce sera pour une autre fois.

24 août.

Il lui suffisait, pour se donner le droit de paresse qu'une mouche se posât sur sa feuille de papier blanc. Il n'écrivait pas, de peur de la déranger.

31 août.

Titre : Un mari en couches.

Ma tête est une fleur, mais une fleur montée, et elle doit avoir un fil de fer dans la gorge.

Telle prose de vieux chroniqueur, c'est de la graisse pour la machine du journal.

8 septembre.

Je veux, moi aussi, jouer l'automne sur mon flûteau et tous les arbres s'agitent aux carreaux avec des geste de serpents. On dirait qu'ils attendent que je leur ouvre la fenêtre. D'abord, les feuilles se décrochent, et je vois des choses qui sont restées cachées tout l'été. Je m'achète cinquante livres de bois, et je m'offre un hiver de quarante-huit heures.

Le cri de la pie : gerrregégé.

Chaque fois que le vent souffle dans une cheminé, Poil de Carotte pense à son enfance.

Il dormait à poings fermés pour cause de décès.

10 septembre.

La peur de l'ennui est la seule excuse du travail.

19 septembre.

Être gamin, et jouer tout seul, en plein soleil, sur place d'une petite ville.

22 septembre.

Le dîner du Journal. Tous ces gens avaient un traité (à propos, où en est le nôtre avec la Russie ?) qui leur assurait à chacun, chaque jour, la première colonne de la première page. Un calculateur habile établit que, si on réunissait bout à bout les copies d'une année, elles s'étendraient du restaurant à la prise de Constantinople

Alphonse Allais écoutait son voisin en dormant. Maurice Barrès cherchait des idées générales dans la Conversation de Méténier qui lui disait merde. Bernard Lazare promenait sa figure pareille à un abcès prêt à percer. D'Esparbès monta sur une table et dit son fait à Caïn. Les ventres haletaient comme la mer sur le rivage, et, au dessert, plusieurs se reboutonnèrent.

Notre directeur se leva. Il lut des dépêches où quelques conviés s'excusaient de ne pas venir parce qu'ils allaient ailleurs. Il nous assura que le succès du Journal était entre nos mains et qu'il ne fallait pas, en nous suçant les doigts, les ouvrir, de peur de le laisser couler.

D'aimables paroles comme des écuyères crevaient le papier mâché des figures.

De nouveau les mains se cherchèrent. Elles frissonnaient, inquiètes, voltigeaient de l'une à l'autre, se serraient.

Un monsieur les donnait sans rien dire : il ne recherchait que le nombre. Je ne trouvais pas le sens de ces poignées de main. On m'affirma que ce devait être le grand critique de la maison, et je compris qu'avec plus d'opiniâtreté que les autres il s'essayait déjà à de légers étranglements.

On me présente un monsieur qui me félicite d'avoir écrit dans Les Soirées de Médan !

— Il n'aurait pas signé, lui dit d'Esparbès.

Hugues Le Roux m'a rencontré chez Mme Adam. Ah ?

Il paraît, c'est Paul Adam qui l'affirme, que Francis Vielé-Griffin fait collection de tout ce que j'écris, et il jouit de me lire, à la campagne, avec des amis.

24 septembre.

Il est dans la maison sur un doigt de pied.

28 septembre

Il avait la peur du travail, et l'ennui de ne pas travailler.

Il eut une grosse joie et vécut dessus jusqu'a sa mort.

Quant à l'horizon, il était extraordinaire : on ne le voyait plus.

Il pleurait à verse.

Des idées trempées dans l'encre.

Faire une série d'histoires indiennes dans un décor moderne.

30 septembre.

« C'est Mirbeau, dit Capus, qui a fait de Paul Hervieu ce qu'il est. Hervieu ayant fait une plaisanterie sur Jules Ferry qui se trouvait à la table voisine, Mirbeau lui dit :

« Vous êtes profond. » Il lui fit entendre, d'ailleurs, qu'il ne savait pas écrire et, même, qu'il n'avait pas de talent, mais il lui dit : « Vous êtes profond. » Et, depuis ce temps, Hervieu, dont la destinée première était d'être gai, s'applique à être profond. Il fait des choses contorsionnées. Il passe à côté de son genre. »

3 octobre.

M. Ernest Renan étant mort, quelques jeunes gens se demandent avec inquiétude ce que nous allons devenir. On se passe d'avoir la foi. Je voudrais entendre un homme souffrir du doute comme d'un panaris, et crier de rage. Alors, je croirais aux douleurs morales.

Et, moi aussi, j'ai été voir Renan.

4 octobre.

Dans les foules serrées, la sensation qu'on est regardé au creux des oreilles.

5 octobre.

Amitié, mariage de deux êtres qui ne peuvent pas coucher ensemble.

La mort des autres nous aide à vivre.

7 octobre.

Il faut céder parce qu'on est le plus jeune. C'est comme quand on est l'aîné…

Bienveillant pour l'humanité en général, et terrible pour chaque individu.

Courteline voulant entraîner Schwob dans la littérature gaie !

Schwob, un homme de la pâte des Taine et des Renan.

Le journalisme clarifie Barrès.

La clarté est la politesse de l'homme de lettres.

Lorrain me dit :

— Je me suis fait broyer les poignets. Ce soir, je ne sens plus rien. Je peux m'enfoncer des aiguilles.

Sa bouche est pleine d'l mouillées.

— Ecrivez-vous vos mémoires ? lui dis-je.

— Ce serait trop triste.

Il rêve d'une courtisane virginale, dont le corps saurait tout, et qui aurait un lys dans le cerveau.

— Voltaire a toujours écrit la même lettre, dit Paul Arène.

Et moi :

— Renan est l'exemple de ce qu'on peut faire sans style.

Paul Arène, ironique :

— Non ! Il n'a pas l'écriture, la calligraphie artiste.

10 octobre.

Fort étrange, ce que nous raconte Capus.

Il a participé à toutes sortes de folies.

Il a vécu, seul, une année, en pleine campagne, sans dire un mot. Il ne voyait qu'une bonne femme qui lui portait de temps en temps un peu de nourriture et à laquelle il ne parlait pas. Sur la route, à trois kilomètres, il n'apercevait que de rares passants.

Montjoyeux et lui vont chez un ami qu'ils ne trouvent pas. Ils n'ont pas de quoi payer leur retour. Ils rencontrent une île sur la Marne et y vivent jusqu'à ce que le crédit leur manque : dix-huit mois. Ils pêchent, canotent, ne s'ennuient pas. Parfois, ils cernent un vague pêcheur, jouent aux corsaires, le font prisonnier, l'emmènent dans leur île, l'enferment dans un grenier où il n'y a que des faux chevaux, et le relâchent au bout de vingt-quatre heures.

Après douze ans de folies de ce genre, Capus réunit ses créanciers et leur dit

« Je vous donnerai mille francs par mois. »

Au mois de mars prochain, il sera « neuf » comme la première feuille qui naîtra. Il a épousé sa maîtresse, et maintenant tous les jours, de bonne heure, il a envie de dormir.

Il va chez Jules Guérin. Il le trouve assis à une petite table, en pantoufles tout nu, une ceinture, un bonnet d'âne sur la tête…Dans un coin, une petite femme qui fumait une cigarette le surveillait.

Leur état normal était l'ivresse. Ils pouvaient se réveiller avec, chacun, un petit garçon dans leur lit sans se rendre compte de ce qui s'était passé.

Ils attachent avec une ficelle un homme qui dort sur un banc.

Montjoyeux et un autre avaient une femme de ménage à qui ils donnaient à boire. Un jour, ils rentrent saouls. Ils broient du tripoli dans du vinaigre, et le font boire à la femme qui meurt. Ni le médecin, ni personne ne remarque qu'elle a été empoisonnée. On la conduit au cimetière pieusement et sans remords…

Verlaine, ah ! oui, un Socrate particulièrement boueux. Arrive sentant l'absinthe. Vanier lui donne cent sous contre reçu, et Verlaine reste là, cause, bafouille, parle par gestes, par froncements de sourcils, avec les plis de son crâne, ses pauvres mèches, avec sa bouche où habiteraient des sangliers, et son chapeau et sa cravate de boîte à poubelle. Parle de Racine, de Corneille « qui commence à baisser ». Il dit :

— « J'ai du talent, du génie. Je suis un homme chic et pas chic »,
se révolte parce que je lui dis :

— Et l'affaire Remâcle ne va donc plus ?

Demande avec des redressements de corps :

— Pourquoi ? Je veux savoir pourquoi !

Me traite de curieux, d'inquisiteur, et demande qu'on lui « foute
un peu cette bougresse de nom de Dieu de paix. »

Me sourit, me parle de ses élégies, de Victor Hugo, de Tennyson,
un grand poëte, me dit :

— Je fais des vers d'homme à homme.

Je cause en vers.

Les élégies, c'est beau, c'est simple. Ça n'a pas de forme. Je ne
veux plus de la forme, je la méprise. Si je voulais faire un sonnet,
j'en ferais deux.

Me dit :

— Monsieur est donc riche ?

Se découvre jusqu'à terre, m'offre de m'accompagner au coin,
regarde son absinthe avec ses yeux doués de voix, la regarde comme
le lac des couleurs et me dit quand je paie :

— Je suis pauvre aujourd'hui. J'aurai de l'argent demain.

Tient ferme au creux de sa main la pièce de cent sous de Vanier,
dit, petit enfant :

— Je vais être sage, travailler. Ma petite femme viendra
m'embrasser, sans doute. Ça m'est égal d'être dans la merde, pourvu
qu'elle mange du homard.

Bafouille, dégoûte, cramponne, frappe du pied maladivement
pour s'assurer qu'il est debout, aime Vanier.

— On a tort de me pousser contre lui. Il ne gagne pas beaucoup
avec moi !

Dès qu'il a le dos tourné, lui montre le poing :

— Cochon d'éditeur ! Je suis le pis de Vanier.

Une misère pénible. Comme je prends du quinquina, il dit :

— Ah ! oui : quin qui n'a rien.

Et il grince comme une hyène rit.

Discourt sur le « Rodrigue, as-tu du cœur ? » et « De cette nuit,
Phénice, as-tu vu la splendeur ? ».

13 octobre.

Je ne fais pas de vers, parce que j'aime tant les phrases courtes
qu'un vers me semble déjà trop long.

15 octobre.

Hier, Schwob avait toutes sortes de sourires fins. Nous nous disputions. Il souriait à ma femme et avait l'air de dire : « Quel entêté ! Est-il ridicule ! » J'avais une forte envie de lui donner un coup de pied dans la figure, car Marinette poliment souriait aussi.

Ah ! les culs de bouteille de la vie !

20 octobre.

On se dégoûte de bien écrire.

Je pique indifféremment de petits faits, et je me suis habitué à leur morphine.

Une phrase battant neuf.

Et les idées que je me fais sur les prêtres de campagne ! Les bons, les vieux !... Mais ils doivent être bêtes comme une soutane vide.

21 octobre

Jamais il n'avait écouté chanter les oiseaux. Il n'en rougissait pas.

24 octobre.

On voulut donner à une rue le nom de cet enfant du village, mais à quelle rue ? À vrai dire, il n'y en avait pas.

On songea à débaptiser le village.

La bonne dupe que serait celui qui s'efforcerait d'être tout seul, dans la vie, un ami sûr.

26 octobre.

Parfois, il se croyait un grand artiste, voulait dompter la vie, et, pataud, ne parvenait à faire que de lourdes bêtises.

Pour atteindre la réalité, il procédait par rêveries successives.

L'homme de vraie gloire, c'est celui qu'on connaît et dont on n'a jamais rien lu. Les « trompettes de la Renommée » ne nous ont clamé que son nom.

On dira de lui que c'était le premier des petits écrivains.

27 octobre

— Je lis dans le feu, dit-elle.

Et lui :

— « Voulez-vous que j'allume un incendie ? »

Elles étaient si petites, les maisons de mon village que je

revoyais, qu'il me semble que j'allais, du bout du doigt, écrire les lettres de mon nom sur la neige de leurs toits.

L 'Herbe. Traiter ça en style direct comme L'Écornifleur, et faire de moi l'Émile du roman.

28 octobre.

La rare, la courte joie de sentir qu'on se perfectionne un peu chaque année.

Le monsieur qui nous dit : « Et moi aussi, j'ai passé par là ! »

Imbécile ! Il fallait y rester : alors, tu m'intéresserais.

Maurice Barrès, menacé d'un article éreintant de Léon Bloy, qui, dit-il, lui fera beaucoup de tort en province, va demander à Schwob s'il connaît Bloy.

— Parce que, dit-il, je veux le faire assommer, avant l'article, par deux hommes que je payerai. Je serais chagrin s'ils se trompaient.

Schwob, émerveillé, achète la photographie de Bloy et l'envoie à Barrès.

Fanatiques lugubres. Hier, allés, par une pluie criblante, aux courses du Vélodrome, sachant qu'il ne pouvait pas y avoir de courses, entrés, sachant qu'il n'y avait personne, nous être assis sur l'un des bancs vides des tribunes et avoir regardé deux heures, sans nous parler, la piste larmoyante, sûrs qu'aucun coureur ne viendrait, repartis contents de nous et souriant follement.

Les valseurs tournant sur leurs gonds.

4 novembre.

Elle a des dents qui valent leur pesant d'or, exactement.

Une variété de l'homme de lettres est le monsieur « qui fait des travaux ».

Une rougeur s'épandit sur sa joue comme du vin dans un verre d'eau.

9 novembre.

Celui qui n'ose pas prononcer les mots anglais.

12 novembre.

Le papillotement des paupières de Schwob quand il ment.

14 novembre.

Claudel a la tête de son livre, une tête d'or, des traits burinés au charbon. Par exemple, il m'embarrasse fort quand il m'affirme que je représente pour lui « le goût français ».

— L'homme que j'aimerais, dit-elle, c'est celui qui m'apporterait un billet de théâtre tous les jours, à six heures et demie.

Une oie au col de cygne.

Un fruit si beau qu'il a l'air faux.

18 novembre.

Il devait parfois écumer ses idées bouillonnantes.

19 novembre.

Une littérature de crabe.

— J'adore la neige, dit-elle.

Son visage exprimait de l'enchantement. Il était ce qu'on appelle poétique. Elle ajouta :

— Oui, j'adore la neige. Je trouve ça épatant.

Elle regardait la neige, de toute son âme blanche.

21 novembre.

Rachilde me dit cette idée :

Décrire Dieu selon la tradition, lui accorder toutes les infinités qu'on lui prête, en ayant soin de changer quelques métaphores et terminer par : « Ainsi c'est Dieu. Il y en a encore un autre au-dessus de lui, mais on ne le connaît pas. »

24 novembre.

Ne plus sourire que d'une lèvre.

Les éclairs, qui sont comme les traces d'une griffe invisible.

1er décembre.

La fenêtre tire la langue d'une descente de lit.

2 décembre.

Le féroce est tant à la mode qu'il en devient fade.

5 décembre.

Le monsieur qui demande :

— Êtes-vous mariée ?

— Oui. Voulez-vous que je vous apporte mon livret ?

— J'aime autant ça. J'ai été pincé une fois. Je ne veux pas l'être deux.

Il lit le livre et dit :

— Maintenant, asseyez-vous, madame, et mangeons la soupe.

— Schwob, dit Boulenger, a l'air d'un œuf dur sans coquille.

6 décembre

Vu François Coppée qui dit à Lauze, comme un débutant :

— Je crois que mon article fera du tapage.

Il me complimente sur ma « campagne du Journal », et trouve Poil de Carotte méchant et fort heureusement mangé par des écrevisses.

Se dresser comme un crapaud sur une pelle chaude.

12 décembre.

X... arriverait à me dégoûter de Flaubert par la caricature qu'il en est.

Hier soir, dîné chez X... qui faisait encore sa tête, et dès le potage nous nous regardions en dessous, et, à chaque plat nouveau, nous nous espionnions comme des Apaches, et sans doute nous pensions l'un de l'autre :

« Tiens, c'est à cette sauce-là que je voudrais te manger ! »

Il couchait sur ses phrases, mais il y dormait.

Il n'a, pour justifier la supériorité littéraire qu'il se croit, que le mal qu'il dit impunément de Georges Ohnet ou de Sarcey.

Vous jouez au jeu innocent de vous demander ce qu'il restera d'eux dans cent ans. Mais, de vous, cher ami que reste-t-il à présent ?

Dans un silence de l'orchestre on entendit une voix qui disait :

— Oh ! moi, je les préfère au beurre.

J'ai voulu savoir si je l'aimais encore : j'en ai le cœur net.

14 décembre.

Zola n'écrit pas une phrase, dit Claudel, mais une page.

Il venait de trouver une nouvelle définition de la vie.

21 décembre.

Entendu au théâtre d'Ibsen :

— Comme c'est beau !

— Va donc, vieux cochon !

— Quelle drôle de famille !

— Comment des yeux de poisson mort peuvent-ils effrayer ?

— Ah ! l'intelligence est supérieure à l'esprit.

— Oui, mais la foi est supérieure à l'intelligence.

— En France, il n'y a plus de foi.

— Mais c'est l'art de se faire des concessions en ménage, ça.

23 décembre.

Que la plus pure lumière, passée comme un lait aux plis de mes rideaux, s'égoutte sur mon papier !

Comme je lui avais dit, un jour : « Il ne faut pas chercher midi à quatorze heures », elle me dit, un autre jour :

— Si j'ai bien compris, n'est-ce pas ? il n'y a rien à comprendre.

Et les heures où l'on ne voudrait écrire que de la musique !

On peut dire de lui qu'il a un caractère... officiel.

— Ce que j'aime lire, dit Schwob, ce sont les choses imprimées avec des têtes de clous sur du papier à chandelles.

31 décembre.

Les lunes vertes d'hiver.

Printed in Great Britain
by Amazon